中國銀行綜合業務實驗實訓教程

主　編　郭靜林
副主編　周婧玥

崧燁文化

前　言

现阶段国内的银行综合业务实验实训类教材对银行的基本柜台业务的覆盖较为完善，都涉及对个人公司储蓄业务、贷款业务及部分中间业务的操作流程讲解，部分教材还涉及银行会计业务的理论和实务部分。然而同类教材的编写也存在缺陷，比如：对中国商业银行的各类业务分类方式不统一；基于银行业务基础讲解的教材缺少实训部分，而以银行业务实训为主的教材又缺少基础知识讲解；部分同类教材涉及过于全面繁杂的银行柜台业务和银行会计业务，并不满足课程受众学生毕业后的真实就业走向和需求。因此，本教材在对金融专业（尤其是银行管理方向）的毕业生就业工作以及银行招聘要求的调研基础上，关注现今银行业业务操作需求，对实训涉及的业务结构做到完整性和应用性兼备的构建，并具备如下特点：

一、商业银行基础知识与实务操作同时兼具

本教材的知识结构主要分为银行综合业务知识基础、银行综合柜员基本技能实训、以及银行对私和对公业务实验实训四大部分。第一部分主要是对商业银行业务知识的理论基础、业务仿真实验平台进行概述总结，目的在于对非银行专业方向的学生补充奠定理论基础、对银行专业方向的学生进行理论复习，同时让学生熟悉业务仿真系统的构成以及业务人员帐号的设置基础。第二部分是银行柜员的基本技能实训，该部分结合实训室环境和实训辅助教学材料（练习钞等），对学生进行银行从业基本功底的实训。第三和第四部分包含了银行对私业务实验和对公业务实验，基本涵盖现代银行业的主营业务的操作、客户管理、业务维护管理。本教材不仅涉及基础知识的巩固，同时涉及实验和实训部分，使学生的软件操作、技能操作、客户沟通维护技能均能得以锻炼，让学生在学习的过程中，能达到理论与实际的结合，专业与实务的协调发展。

二、同時適合於財經類及非財經類各專業學生銀行方向的從業需求

　　為了適應現階段銀行業人才市場需求，本教材是在考慮了各專業學生的基礎層次之后才進行內容的編寫，因此即便不具備商業銀行經營管理知識的非財經類專業學生，也能通過本教材快速地掌握銀行從業的基礎理論知識，並運用於操作實務。本書是有銀行從業需求的高等院校財經類學生及非財經類專業學生均適用的基本實訓類教材。

三、各個實驗模塊都設置有拓展實訓的內容

　　由於銀行業務具備多樣性和複雜性，同種業務針對不同性質客戶的辦理要求都不一樣，因此本教材在對基礎業務的操作流程進行完整的介紹和引導培訓之后，每個實驗模塊都在仿真實訓平臺功能的基礎上設置了拓展實訓的內容，旨在培養學生的擴展應用能力，不照本宣科地完成實訓，能將操作技能靈活應用於各類不同類型的業務情形，在鍛煉學生的業務操作專業性、嚴謹性的同時、培養學生的靈活性。

郭靜林

目 錄

第一部分　銀行綜合業務概述 ……………………………………………… (1)

  第一章　銀行對私業務概述 ……………………………………………… (2)

    第一節　個人儲蓄業務 ……………………………………………… (2)

    第二節　個人貸款業務 ……………………………………………… (10)

    第三節　個人投資理財業務 ………………………………………… (14)

  第二章　銀行對公業務概述 ……………………………………………… (17)

    第一節　對公儲蓄業務 ……………………………………………… (17)

    第二節　公司貸款業務 ……………………………………………… (19)

    第三節　公司票據業務 ……………………………………………… (21)

  第三章　銀行綜合業務模擬系統概述 …………………………………… (28)

    第一節　系統主要功能及業務流程簡介 …………………………… (28)

    第二節　對私業務系統操作概述 …………………………………… (32)

    第三節　對公業務系統操作概述 …………………………………… (37)

第二部分　銀行櫃員基本技能實訓 ………………………………………… (43)

  第四章　數字與日期的書寫 ……………………………………………… (44)

    第一節　中文大寫日期數字的書寫實訓 …………………………… (44)

    第二節　中文大寫金額數字的書寫實訓 …………………………… (45)

    第三節　阿拉伯數字的書寫實訓 …………………………………… (49)

    第四節　數字書寫錯誤的糾正實訓 ………………………………… (52)

  第五章　紙幣真偽的鑑別 ………………………………………………… (54)

    第一節　人民幣真偽的鑑別實訓 …………………………………… (54)

第二節　外幣鑑別技巧實訓 …………………………………………… (64)

　第六章　點鈔及捆扎技術 ……………………………………………… (69)

　　第一節　手工點鈔的常用方法實訓 …………………………………… (69)

　　第二節　鈔票捆扎的方法實訓 ………………………………………… (76)

第三部分　銀行對私業務實驗實訓 ………………………………… (79)

　第七章　個人儲蓄業務 ………………………………………………… (80)

　　第一節　活期儲蓄業務實驗 …………………………………………… (80)

　　第二節　整存整取業務實驗 …………………………………………… (90)

　　第三節　定活兩便業務實驗 …………………………………………… (95)

　　第四節　零存整取業務實驗 …………………………………………… (101)

　　第五節　存本取息業務實驗 …………………………………………… (107)

　　第六節　通知存款業務實驗 …………………………………………… (110)

　　第七節　教育儲蓄業務實驗 …………………………………………… (117)

　　第八節　個人支票業務實驗 …………………………………………… (124)

　第八章　個人貸款業務 ………………………………………………… (130)

　　第一節　個人消費貸款實驗 …………………………………………… (130)

　　第二節　個人助學貸款實驗 …………………………………………… (136)

　　第三節　信用卡業務實驗 ……………………………………………… (141)

第四部分　銀行對公業務實驗實訓 ………………………………… (147)

　第九章　對公儲蓄業務 ………………………………………………… (148)

　　第一節　企業新開戶實驗 ……………………………………………… (148)

　　第二節　企業一般活期及臨時存款帳戶業務處理實驗 ……………… (154)

　　第三節　企業定期存款帳戶業務處理實驗 …………………………… (165)

　第十章　對公貸款管理業務 …………………………………………… (174)

　　第一節　貸款借據管理實驗 …………………………………………… (174)

　　第二節　貸款展期實驗 ………………………………………………… (179)

　　第三節　貸款帳戶處理實驗 …………………………………………… (183)

  第四節 貸款查詢實驗 …………………………………………（186）

第十一章 貸款的發放及歸還 ……………………………………（190）

  第一節 貸款發放實驗 …………………………………………（190）

  第二節 部分及全部還貸實驗 …………………………………（193）

第十二章 匯票兌付業務 …………………………………………（200）

  第一節 商業匯票承兌實驗 ……………………………………（200）

  第二節 匯票到期付款實驗 ……………………………………（206）

參考文獻 …………………………………………………………………（210）

第一部分
銀行綜合業務概述

　　商業銀行綜合業務是指銀行通過櫃臺向客戶辦理的對私及對公業務的總和，因此又可稱為商業銀行綜合櫃臺業務。按照商業銀行的業務體系分類，主要有負債業務、資產業務、中間業務以及綜合電子銀行業務，但在當今銀行的櫃臺業務的操作上，主要是辦理面向個人或企業的儲蓄、貸款管理、票據、轉帳結算等業務。本部分的第一章與第二章的主要內容是將銀行綜合櫃臺業務按受理對象分類，從對私業務和對公業務兩方面概述相關業務的定義、種類細分、政策法規等內容；第三章主要對實訓實驗部分使用的銀行櫃臺模擬系統的操作使用方法進行概述。

第一章 銀行對私業務概述

銀行對私業務也可稱為個人銀行業務（Personal Banking），是指商業銀行對個人客戶提供的存款、貸款、支付結算等服務。在現今的銀行業中，銀行的個人業務逐漸擺脫品種單一、服務人群狹窄的狀況，開始逐步向多樣化發展，成為許多人生活中不可缺少的一部分。中國現有各大商業銀行在個人業務的多樣性設置上都有各自的特色，其業務命名方式與種類劃分都不盡相同，但歸納起來主要可分為儲蓄存款業務、貸款業務、支付結算業務、代收代付業務、電子銀行業務、投資理財業務。其中，銀行櫃臺人員受理的個人業務主要還是集中在個人儲蓄業務和個人貸款業務的發放、還款、借據管理，以及支付結算和代理業務上。由於資產負債業務是商業銀行業務的核心，因此本章及其對應的實驗實訓部分均以個人儲蓄業務和個人貸款業務的內容為主進行重點闡述，同時對現代商業銀行對私業務中最常見的投資理財業務進行分類概述。

第一節 個人儲蓄業務

廣義的個人儲蓄業務包括本外幣儲蓄等各種存款業務、銀行發行的金融債券業務、儲蓄類理財產品等業務。本節按實驗的主要操作內容，主要講解個人儲蓄業務中的人民幣活期儲蓄業務、整存整取業務、定活兩便業務、零存整取業務、存本取息業務、通知存款業務、教育儲蓄業務、個人支票業務。

（一）活期儲蓄業務

1. 業務簡介

活期儲蓄又名活期存款，是一種不限存期，憑銀行卡或存折及預留密碼可在銀行營業時間內通過櫃面或通過銀行自助設備隨時存取現金的服務。一般商業銀行的人民幣活期存款 1 元起存，外幣活期存款起存金額根據不同銀行的要求有所不同，比如中國工商銀行的外幣活期存款起存金額為不低於人民幣 20 元的等值外匯。

2. 業務特點

該業務具備通存通兌、資金靈活、繳費方便等業務特點。

（1）通存通兌。客戶憑銀行卡可在其銀行的全國網點和自助設備上存取人民幣現

金，預留密碼的存摺可在同城網點存取現金。同城也可辦理無卡（摺）的續存業務。

（2）資金靈活。客戶可隨用隨取，資金流動性強。

（3）繳費方便。客戶可將活期存款帳戶設置為繳費帳戶，由銀行自動代繳各種日常費用。

3. 存款利率

人民幣個人活期存款按季結息，按結息日掛牌活期利率計息，每季末月的 20 日為結息日。未到結息日清戶時，按清戶日掛牌公告的活期存款利率計息到清戶前一日止。人民幣個人活期存款採用積數計息法按照實際天數計算利息。現階段，中國央行於 2015 年 10 月 24 日調整的活期存款利率為 0.35%。

4. 業務辦理

客戶若辦理活期存款開戶，需持本人有效身分證件到營業網點辦理。其中，辦理開戶的有效身分證包括：①居住在中國境內 16 歲以上的中國公民，應出具居民身分證或臨時身分證。軍人、武裝警察尚未申領居民身分證的，可出具軍人、武裝警察身分證件。居住在境內或境外的中國籍的華僑，可出具中國護照。②居住在中國境內 16 歲以下的中國公民，應由監護人代理開立個人銀行帳戶，出具監護人的有效身分證件以及帳戶使用人的居民身分證或戶口簿。③香港、澳門特別行政區居民應出具港澳居民往來內地通行證，臺灣居民應出具臺灣居民來往大陸通行證或其他有效旅行證件。④外國公民應出具護照或外國人永久居留證（外國邊民，按照邊貿結算的有關規定辦理）。除以上法定有效證件外，銀行還可根據需要，要求存款人出具戶口簿、護照、工作證、機動車駕駛證、社會保障卡、公用事業帳單、學生證、介紹信等其他能證明身分的有效證件或證明文件。如委託他人代辦開戶，代辦人還需同時出示本人身分證件。

客戶辦理活期存款業務，可持各類銀行卡或存摺到對應銀行營業網點辦理存款。如果客戶能提供本人或他人的卡號或存摺號，也可辦理無卡（摺）存款（需出示身分證件）。

客戶持銀行卡或存摺到營業網點即可辦理活期取款業務，金額較少的情況可直接叫號或通過 ATM 機提取，但如果取款金額超過銀行規定限額，比如 20 萬元（含 20 萬元），就必須至少提前一天與取款網點預約。若持銀行卡（不含貸記卡和國際借記卡）在 ATM 上取款，一般情況下，也有當日取款最高限額以及每次提款最高限額的規定，一般大型國有商業銀行 ATM 當日取款最高限額為 2 萬元左右。

（二）整存整取業務

1. 業務簡介

整存整取是定期存款的一種類型，是在存款時約定存期，一次存入本金，全部或部分支取本金和利息的一種個人存款方式。整存整取的存款開戶手續與活期相同，儲戶可在網上銀行網上辦理，也可用活期存摺在銀行辦理，通過網上銀行可以直接提取全部或者部分，余下部分還是按原定期計算利息，取出部分按活期計算利息，並且儲戶在多數銀行只能進行一次部分提前支取（郵政儲蓄最多可辦理 5 次）。

2. 業務特點

該業務具備利率相對活期存款較高、可約定轉存、可質押貸款、可提前支取的特點。

（1）利率較高。定期存款利率高於活期存款，是一種傳統的理財工具，定期存款存期越長，利率越高。

（2）可約定轉存。客戶可在存款時約定轉存期限，定期存款到期后的本金和稅後利息將自動按轉存期限續存。

（3）可質押貸款。如果定期存款臨近到期，但又急需資金，客戶可以辦理質押貸款，以避免利息損失。

（4）可提前支取。如果客戶急需資金，亦可辦理提前支取。未到期的定期存款，全部提前支取的，按支取日掛牌公告的活期存款利率計付利息；部分提前支取的，提前支取的部分按支取日掛牌公告的活期存款利率計付利息，剩餘部分到期時按開戶日掛牌公告的定期儲蓄存款利率計付利息。

3. 起存金額與存期

一般情況下，按中國人民銀行的規定，人民幣整存整取定期存款 50 元起存，多存不限，其存期分為三個月、半年、一年、兩年、三年，部分銀行也有根據自己的業務情況，有五年的整存整取存期。外幣定期存款起存金額一般不低於人民幣 50 元的等值外匯，存期分為一個月、三個月、半年、一年和兩年。

4. 存款利率

整存整取存款利率按存入日掛牌公告的相應期限檔次整存整取定期存款利率計息。人民幣整存整取定期存款採用逐筆計息法計算利息。表 1-1 為中國人民銀行於 2015 年 8 月和 10 月最新兩次調整整存整取利率的變動情況。

表 1-1　　　　　　　　　　　整存整取利率調整情況

	三個月	半年	一年	二年	三年
2015. 8. 26	1.35%	1.55%	1.75%	2.35%	3.00%
2015. 10. 24	1.10%	1.30%	1.50%	2.10%	2.75%

定期存款利隨本清，遇利率調整，不分段計息。全部或部分提前支取的，支取部分按支取日掛牌公告的活期儲蓄存款利率計息，未提前支取部分仍按原存單利率計息。逾期支取的，超過存單約定存期部分，除約定自動轉存外，按支取日掛牌公告的活期儲蓄存款利率計息。

5. 業務辦理

客戶辦理整存整取定期存款開戶，需持有效身分證件到營業網點辦理。如委託他人代辦開戶，還需同時提供代理人的身分證件。

客戶辦理整存整取定期存款可持銀行卡或存折到營業網點辦理存款。

客戶辦理整存整取取款業務可持銀行卡或存折到營業網點辦理取款，一般情況下，各銀行對取款金額有限額規定，比如取款金額超過 20 萬元（含 20 萬元），必須至少提

前一天與取款網點預約。若辦理提前支取，續提供本人身分證件。若委託他人代辦，還需提供代辦人身分證件。

(三) 定活兩便業務

1. 業務簡介

人民幣定活兩便儲蓄存款是存款時不確定存期，一次存入本金隨時可以支取的業務。其優點在於既有定期之利，又有活期之便，開戶時不必約定存期，銀行根據存款的實際存期按規定計息，不受時間限制，利率相比活期要高。但缺點在於利率介於定期和活期之間，不利於長期投資理財適用。其業務適用對象為在三個月內沒有大筆資金支出，同時也不準備用於較長期投資的儲戶。業務辦理方式與整存整取定期存款方式相似。

2. 存款利率

定活兩便的利息計算方法為：存期不滿三個月的，按天數計付活期利息；存期三個月以上（含三個月）、不滿半年的，整個存期按支取日定期整存整取三個月存款利率打六折計息；存期半年以上（含半年），不滿一年的，整個存期按支取日定期整存整取半年期存款利率打六折計息；存期在一年以上（含一年）的，無論存期多長，整個存期一律按支取日定期整存整取一年期存款利率打六折計息。打折後低於活期存款利率時，按活期存款利率計息。

(四) 零存整取業務

1. 業務簡介

零存整取是銀行定期儲蓄的一種基本類型，是指儲戶在進行銀行存款時約定存期、每月固定存款、到期一次支取本息的一種儲蓄方式。

零存整取類的儲蓄存款主要分為三類：個人零存整取定期儲蓄存款、集體零存整取定期儲蓄存款和教育儲蓄定期存款。其中，集體零存整取定期儲蓄存款是指由企業事業單位或群眾團體集中代辦，由員工自願參加的一種事先約定金額，逐月按約定金額存入，到期支取本息的儲蓄存款。教育儲蓄定期存款是針對在校小學四年級（含四年級）以上學生開辦的零存整取式的定期存款，存款到期後可憑存執和學校提供的正在接受非義務教育的學生身分證明一次支取本息。儲戶憑證明可享受利率優惠，並免徵儲蓄利率所得稅。

零存整取儲蓄方式可集零成整，具有計劃性、約束性、累積性。該儲種利率低於整存整取定期存款，高於活期儲蓄，可使儲戶獲得比活期稍高的存款利息收入。

2. 起存金額與存期

零存整取一般每月 5 元起存，存款金額由客戶自定，每月存入一次，中途如有漏存，應在次月補齊，只有一次補交機會。存期一般分一年、三年和五年。集體零存整取定期儲蓄存款起存金額為 50 元，存期為一年。而教育儲蓄定期存款最低起存金額為

50元，本金合計最高限額為2萬元，存期分一年、三年、六年。

　　3. 存款利率

　　零存整取利息按存入日掛牌公告的相應期限檔次零存整取定期儲蓄存款利率計息，遇利率調整，不分段計息，利隨本清。客戶中途如漏存一次可在次月補齊，未補存或漏存次數超過一次的視為違約，對違約後存入的部分，支取時按活期存款利率計付利息。

　　人民幣零存整取定期存款採用積數計息法計算利息，計息公式為：

　　利息＝月存金額×累計月積數×月利率

　　其中，累計月積數＝（存入次數+1）/2×存入次數。據此推算一年期的累計月積數為（12+1）/2×12＝78。以此類推，三年期、五年期的累計月積數分別為666和1,830。儲戶只需記住這幾個常數就可按公式計算出零存整取儲蓄利息。該計算公式只適合匡算，實際存款利息與客戶每月的存款日期提前或錯後有關，應得利息只是針對每月存款日期不變的情況下使用。

（五）存本取息業務

　　1. 業務簡介

　　存本取息是指個人將屬於其所有的人民幣一次性存入較大的金額，分次支取利息，到期支取本金的一種定期儲蓄業務。其業務特色包括：起存金額較高；可多次支取利息，靈活方便；可質押貸款；可提前支取，即客戶需要提前支取本金時，按照整存整取定期存款的規定計算存期內利息，並扣除多支付的利息。

　　2. 起存金額與存期

　　存本取息定期存款一般情況下5,000元起存，其存期分為一年、三年、五年。存本取息定期存款取息日由客戶開戶時約定，可以一個月或幾個月取息一次；取息日未到不得提前支取利息；取息日未取息，以后可隨時取息，但不計復息。

　　3. 存款利率

　　執行存入日掛牌公告的相應期限檔次存本取息儲蓄存款利率。遇利率調整，不分段計息。提前支取本金時，按照整存整取定期存款的規定計算存期內利息，並扣除多支付的利息。人民幣存本取息定期存款採用逐筆計息法計算利息。其利息的計算方式為：

　　每次支取利息數＝本金×存期×利率/支取利息的次數

（六）通知存款業務

　　1. 業務簡介

　　個人通知存款是存入款項時不約定存期，但約定支取存款的通知期限，支取時按約定期限提前通知銀行，約定支取存款的日期和金額，憑存款憑證支取本金和利息的服務。該業務的存款利率高於活期儲蓄利率，存期靈活、支取方便，能獲得較高收益。適用於大額、存取較頻繁的存款。

2. 起存金額與通知期限

人民幣通知存款的最低存款金額為 5 萬元（含）；外幣通知存款的最低存款金額各地區略有不同，約為等值人民幣 5 萬元（含），對於個人 300 萬美元（含 300 萬）以上等值外幣存款，經與客戶協商，可以辦理外幣大額通知存款，在支取時按照大額外幣通知存款實際存期和支取日利率（即支取日上一交易日國際市場利率－約定利差）計息。通知存款本金一次存入，可一次或分次支取。

人民幣通知存款按提前通知的期限，分為一天通知和七天通知兩個品種。外幣通知存款只設七天通知存款一個品種。

3. 存款利率

通知存款按支取日掛牌公告的相應利率水平和實際存期計息、利隨本清。但若遇以下情況，則按活期存款利率計息：

（1）實際存期不足通知期限的，按活期存款利率計息。
（2）未提前通知而支取的，支取部分按活期存款利率計息。
（3）已辦理通知手續而提前支取或逾期支取的，支取部分按活期存款利率計息。
（4）支取金額不足或超過約定金額的，不足或超過部分按活期存款利率計息。
（5）支取金額不足最低支取金額的，按活期存款利率計息。

已辦理通知手續而不支取或在通知期內取消通知的，通知期限內不計息。

部分支取后留存部分高於最低起存金額的，需重新填寫通知存款單或憑證，從原開戶日計算存期；留存部分低於起存金額的，予以清戶，按清戶日掛牌公告的活期存款利率計息，或根據存款人意願轉為其他存款。

個人通知存款採用逐筆計息法，按支取日掛牌利率和存款實際天數計算利息，如遇利率調整，不分段計息。按央行規定的最新（2015 年 10 月 24 日）通知存款利率水平，一天存款年利率為 0.8%，七天存款年利率為 1.35%。

（七）教育儲蓄業務

1. 業務簡介

教育儲蓄是指個人按國家有關規定在指定銀行開戶、存入規定數額資金、用於教育目的的專項儲蓄，是一種專門為學生支付非義務教育所需教育金的專項儲蓄。教育儲蓄採用實名制，開戶時，儲戶要持本人（學生）戶口簿或身分證，到銀行以儲戶本人（學生）的姓名開立存款帳戶。到期支取時，儲戶需憑存折及有關證明一次性支取本息。教育儲蓄的一般開戶對象為在校小學四年級（含四年級）以上學生。

2. 起存金額與存期

教育儲蓄 50 元起存，每戶本金最高限額為 2 萬元。教育儲蓄存期分為一年、三年、六年。

3. 存款利率

一年期、三年期教育儲蓄按開戶日同期同檔次整存整取定期儲蓄存款利率計息；六年期按開戶日五年期整存整取定期儲蓄存款利率計息。遇利率調整，不分段計息。

客戶按約定每月存入固定金額，中途如有漏存，應在次月補齊，未補存者按零存整取定期儲蓄存款的有關規定辦理。若提前支取，教育儲蓄提前支取時必須全額支取。提前支取時，客戶能提供證明的，按實際存期和開戶日同期同檔次整存整取定期儲蓄存款利率計付利息，並免徵儲蓄存款利息所得稅；客戶未能提供證明的，按實際存期和支取日活期儲蓄存款利率計付利息，並按有關規定徵收儲蓄存款利息所得稅。若逾期支取，其超過原定存期的部分，按支取日活期儲蓄存款利率計付利息，並按有關規定徵收儲蓄存款利息所得稅。

人民幣教育儲蓄存款採用積數計息法計算利息。

(八) 個人支票業務

1. 業務簡介

個人支票是指由出票人（個人）簽發的，委託辦理支票存款業務的銀行或者其他金融機構在見票時無條件支付確定的金額給收款人或持票人的票據（如圖1-1所示）。個人支票分為現金支票和轉帳支票兩種。支票上未劃線的是普通支票，可用於支取現金，也可用於轉帳。在普通支票左上角劃兩條平行線的是轉帳支票，只能用於轉帳，不能支取現金。

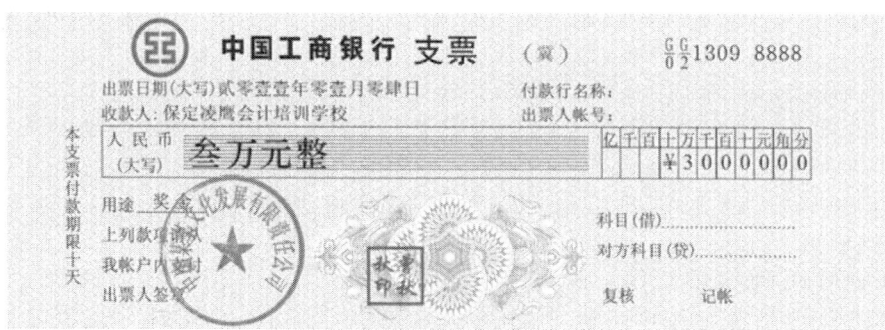

圖1-1 個人支票

消費者個人在開設個人支票帳戶后，只需持支票簿即可到指定的銀行儲蓄所支取現金，還可辦理轉帳結算或在商店購物及支付其他費用。對於一些收入較高的人士來說，特別是外出旅遊經商，需要銀行結算服務時，或收付金額較大或收付次數較多的客戶來說，個人支票是一種較為合適的選擇。

（1）個人支票業務的優點。

①安全性高。個人支票沒有密碼等信息問題，消費時隨簽隨付，不必承擔存有大額款項的銀行卡丟失而蒙受損失的風險；而未簽字的空白支票即使丟失也不會造成什麼損失。

②交易費用低。與銀行卡比較，支票交易成本（包括手續費）更低。一般來說，只需要支付個人支票辦理時支票本的工本費（一般支票一本在20~30元之間），手續

費也相對低廉，不論金額大小，統一收取，一般每筆在 1 元以下。並且，支票交易無須額外承擔跨行費用，異地結算也無須承擔額外的手續費。

③硬件要求低。支票不受硬件條件的限制，不需要 POS 機等設備。因此，可以不受指定商場以及銀行與商戶間聯網的局限，應用的範圍也就更為廣泛。

（2）個人支票業務的缺點。

①異地款項存在收款延遲。支票是非即時交易工具，商戶收到個人簽發的支票后，最早可在 2~3 小時之內收到款項，如果是異地的款項，則要等 3 個工作日才能收到。也就是說客戶簽了支票却不能當場提貨，而刷卡則可以做到當場提貨。

②支票填寫專業性強。支票在使用上也有很多要求，比如不能彎折，否則銀行有理由拒付。個人簽發支票時，要準確地填寫日期、金額、收款人名稱等事項，並在指定位置簽章。個人客戶並非專業財務人士，難免出錯，一處出錯，支票就不能正常使用了。

③個人信用沒有保障。因為存在空頭支票的問題，所以在全面完善的徵信系統建成之前，個人支票能否安全使用的問題將不可避免。

2. 個人支票的辦理及使用方法

（1）個人支票的取得。

從事各種職業、有穩定的個人收入款項，日常經濟往來比較多的居民，可憑本人身分證件及擔保證明，到辦理個人支票業務的銀行機構提出申請，填寫「活期支票儲蓄存款開戶申請書」，預留印鑒、簽字樣式。申請人獲准開戶后，按銀行規定存儲備付金，每次限購一本支票簿，用完后再憑支票領用單加蓋預留印鑒購買新支票。

（2）個人支票的使用。

支票按其支付方式不同，分為現金支票和轉帳支票。現金支票只能用於向銀行提取現金。提取現金時，支配持有者應在支票背面背書，登記身分證號碼，到出票人的開戶銀行支取現金，並按銀行相關要求交驗證件。轉帳支票是指由存款人簽發給收款人辦理結算或者委託開戶銀行向收款人支付款項的支票。轉帳支票只能用於轉帳，不能用於提取現金。

（3）個人支票的簽發。

出票人簽發支票后，應承擔票據上的責任和法律上的責任。因此，出票人應按法定款式簽發支票，應注意的事項包括：支票一律採取記名式，即簽發支票一定要寫明收款人的名稱；支票提示付款期限為 10 天；簽發支票應使用墨汁或碳素墨水填寫，中國人民銀行另有規定的除外；未按規定填寫，被塗改冒領的，由出票人負責；簽發現金支票和用於支取現金的普通支票，必須符合國家現金管理的規定；支票簽發，應加蓋與預留銀行印鑒完全相符的簽章，或使用約定的支付密碼；不準簽發空頭支票，出票人簽發支票的金額，應在其付款時銀行存款帳戶餘額之內，否則即為空頭支票；出票人不得在支票上預填出票日期，即不準簽發遠期支票。

第二節　個人貸款業務

個人貸款業務,又稱零售貸款業務,是指銀行或其他金融機構向符合貸款條件的自然人發放的用於個人消費(住房、汽車、耐用消費品、文化旅遊等)、生產經營等用途的本幣、外幣貸款。其特點在於利率水平較高、規模呈現週期性、借款人缺乏利率彈性。現今,各家銀行所提供的個人貸款不盡相同,個人貸款業務呈多樣化發展態勢,但按貸款用途主要可劃分為個人消費貸款、個人助學貸款(其本質也屬於個人消費貸款的一部分)與個人經營貸款。本節按照個人貸款業務實驗實訓的業務劃分,對個人消費貸款業務、國家助學貸款業務以及個人消費貸款中的信用卡業務進行重點講解。

(一) 個人消費貸款業務

1. 個人消費貸款的定義

個人消費貸款是指銀行向個人客戶發放的有指定消費用途的人民幣貸款業務,用途主要有個人住房、汽車、一般助學貸款等消費性個人貸款。貸款期限最長不超過 20 年(以個人住房抵押貸款為例,商業貸款一般最長期限為 20~30 年);同時需提供貸款銀行認可的財產抵押、質押或第三人保證方式(有些銀行僅接受抵押或質押的方式)作為貸款擔保條件。

2. 中國個人消費貸款的常見種類

目前,中國商業銀行個人消費貸款種類呈現多樣化、細分化的發展態勢,主要種類有以下幾種:

(1) 個人住房貸款,即銀行向借款人發放的用於購買自用普通住房或者城鎮居民修房、自建住房,以貸款人認可的抵押、質押或者保證,在銀行存入首期房款,一般規定借款金額最高為房款的 70%、期限最高為 30 年的人民幣專項貸款。個人住房貸款又分為自營性個人住房貸款、委託性個人住房貸款和個人住房組合貸款、一手或二手個人住房貸款、個人住房公積金貸款等多個品種。

(2) 個人汽車貸款,即銀行向在特約經銷商處購買汽車的借款人發放的用於購買汽車、以貸款人認可的權利質押或者具有代償能力的單位或個人作為還貸本息並存擔連帶責任的保證人提供保證,在貸款銀行存入首期車款,一般規定借款金額最高為車款的 70%~80%、期限最長不超過 5 年的專項人民幣貸款。

(3) 個人旅遊貸款,即銀行向借款人發放的用於支付旅遊費用、以貸款人認可的有效權利作質押擔保或者有具有代償能力的單位或個人作為償還貸款本息並存擔連帶責任的保證人提供保證,一般借款金額在 2,000~50,000 元、期限在六個月至兩年且提供不少於旅遊項目實際報價 30% 首期付款的人民幣貸款。

(4) 個人綜合消費貸款,即銀行向借款人發放的不限定具體消費用途、以貸款人認可的有效權利質押擔保或能以合法有效房產作抵押擔保,借款金額在 2,000~

500,000 元、期限在六個月至三年的人民幣貸款。

（5）個人短期信用貸款，即銀行為解決由自己辦理代發工資業務的借款人臨時性需要而發放的，期限在一年以內、額度在 2,000~20,000 元且不超過借款人月均工資性收入 6 倍的、無須提供擔保的人民幣信用貸款。該貸款一般不能展期。

（6）個人留學貸款，即銀行向借款人提供個人留學貸款業務。其中，提款型個人留學貸款是指用於支付借款人或其直系親屬留學期間所需學雜費和生活費的人民幣貸款；非提款型個人留學貸款是指用於辦理借款人或其直系親屬留學或陪讀等手續所需、並經相關使領館認可的資信證明的人民幣貸款。個人留學貸款的一般借款金額在 100 萬~200 萬元左右。

3. 個人消費貸款的基本申辦條件及流程

按照個人消費貸款的不同種類以及不同商業銀行自身規定，其貸款的申請條件有所不同，但基本申辦條件如下：

（1）具有完全民事行為能力的自然人，且貸款到期日時申請人年齡滿 18 周歲且一般不超過 55 周歲。

（2）具有貸款行所在地的城鎮常住戶口或有效居住身分。

（3）有合法、穩定經濟收入，信用良好，有償還貸款本息的能力。

（4）具備明確消費意向或已簽署了相關消費合同。

（5）能提供貸款人認可的擔保。

申請人辦理時需向銀行提交以下相關文件：

（1）提供有效身分證件和戶籍證明、婚姻狀況證明、個人收入證明。

（2）確認消費行為的相應資料或文件（銷售合同、協議或其他有效文件）。

（3）個人消費貸款申請表（可從申請行的銷售網點獲得）。

（4）銀行要求提供的其他材料。

個人消費貸款的基本申辦及貸款使用流程如下：

（1）借款人持有效身分證件質押、抵押，保證人擔保的證明文件到貸款經辦網點填寫申請表。銀行對借款人擔保、信用等情況進行調查后，銀行在規定期限內答覆借款人。

（2）借款人的申請獲得批准後，與銀行簽訂借款合同和相應的擔保合同。

（3）借款人在額度有效期內，在可用額度範圍內，可以隨時支用，支用時填寫貸款支用單支用貸款。銀行將貸款資金劃轉至合同約定的帳戶中。

（4）借款人在額度有效期內可循環使用貸款，其可用額度為銀行的核定的額度與額度項下各筆貸款本金餘額之差。借款人每次支用貸款后，可用額度相應扣減，借款人每次歸還貸款本金後，可用額度相應增加。

（5）借款人在額度有效期滿前，應償清額度項下貸款全部本息，並在償清貸款本息后 20 日內到銀行辦理抵押、質押登記註銷手續，借款人與銀行簽訂的《借款合同》自行終止。

（二）國家助學貸款業務

商業銀行的個人助學貸款業務是指向借款人發放的用於本人或家庭成員支付特約教育單位除義務教育外所有學歷入學、本科（含本科）以上非學歷入學所需教育費用（學雜費和生活費）的人民幣貸款。個人助學貸款也屬於個人消費貸款的一部分，按貸款方式可分為國家助學貸款（信用貸款）和商業助學貸款（擔保貸款）。因國家助學貸款的政策特殊性，本節將國家助學貸款獨立於個人消費貸款的範疇，對其概念、基本規定、辦理流程進行單獨討論。

1. 國家助學貸款業務的概念

國家助學貸款是黨中央、國務院在社會主義市場經濟條件下，利用金融手段完善中國普通高校資助政策體系，加大對普通高校貧困家庭學生資助力度所採取的一項重大措施。一般是通過商業銀行向已簽署合作協議的中華人民共和國境內（不含香港特別行政區、澳門特別行政區和臺灣地區）高等院校中的經濟困難學生發放，用於支付學雜費和生活費的人民幣貸款。國家助學貸款按用途分為學雜費貸款和生活費貸款。學雜費貸款用於借款人向所在學校支付學費及其他雜費；生活費貸款用於借款人日常生活費用的開支。

2. 申請條件

國家助學貸款適用於全日制普通本、專科生（含高職生）、研究生和第二學士學位學生，保證貧困學生順利完成學業。上述借款人申請國家助學貸款，須符合以下條件：

(1) 家庭經濟困難，在校期間無法支付完成學業所需基本費用，包括學費和基本生活費。
(2) 具有中華人民共和國國籍，年滿16周歲的需持有中華人民共和國居民身分證。
(3) 具有完全民事行為能力(未成年人申請國家助學貸款須由其法定監護人書面同意)。
(4) 誠實守信、遵紀守法、品行端正、無違法或違紀行為。
(5) 學習努力，能夠正常完成學業。
(6) 承諾向貸款經辦行提供上學期間和就業以後的變動情況。
(7) 在申請行開立個人結算帳戶。
(8) 銀行規定的其他條件。

3. 貸款金額及期限

原則上全日制本專科生每人每學年最高不超過 8,000 元，全日制研究生每人每學年最高不超過 12,000 元，大部分商業銀行規定不超過 6,000 元。借款人須在畢業後 6 年內還清貸款，其中可有 1~3 年的貸款寬限期，但貸款期限最長不得超過 10~20 年，不同商業銀行的規定有所差別。

4. 貸款利率

貸款利率執行中國人民銀行規定的同期同檔次貸款基準利率。借款人在校期間的貸款利息全部由財政補貼，畢業後由個人承擔全部貸款利息；助學貸款發放前，借款人可與銀行約定貸款首次還款日，即貸款發放日至首次還款日之間，借款人不需償還貸款本

金和利息，期間產生的利息，借款人可選擇利息攤薄法、利息首期歸還法兩種方式進行歸還。採用按月等額本息、等額本金等還款方式的，還款本息按相應公式計算。

5. 業務辦理

借款學生統一向所在學校領取申請表，學校收齊貸款申請資料，並在確認借款人所提供資料的真實性后，將貸款申請資料和學校的審核意見一併交貸款銀行。

銀行對借款申請人資信情況進行調查核實和審批，經審查同意發放貸款的，銀行與借款申請人簽署借款合同。

合同簽訂后，銀行按規定程序發放貸款。學費貸款由銀行按學年直接劃入借款人所在學校指定的帳戶；生活費貸款劃入借款人指定的個人結算帳戶。

借款學生在畢業時，向學校和銀行提交還款確認書，並承諾按合同約定歸還銀行貸款本息。

(三) 信用卡業務

1. 信用卡的概念

信用卡（Credit Card），又叫貸記卡，是一種非現金交易付款的方式，是簡單的信貸服務。信用卡由銀行或信用卡公司依照用戶的信用度與財力發給持卡人，持卡人持信用卡消費時無須支付現金，待帳單日時再進行還款。

信用卡的正面印有發卡銀行名稱、有效期、號碼、持卡人姓名等內容，背面有芯片、磁條、簽名條、CVV 校驗碼（如圖 1-2 所示）。

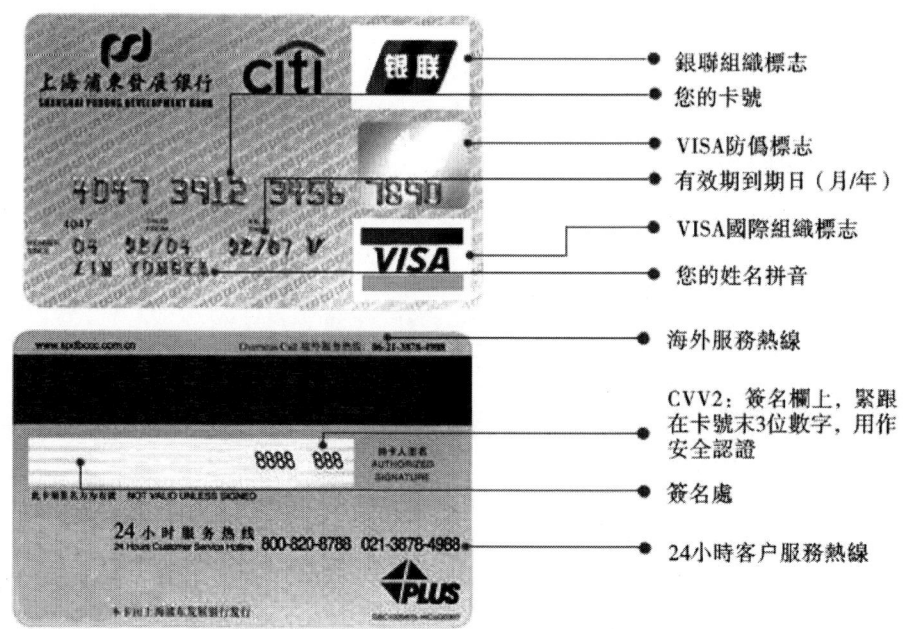

圖 1-2　信用卡

2. 信用卡的申辦流程

(1) 申請。

多數情況下，具有完全民事行為能力（中國大陸地區為年滿 18 周歲的公民）的、有一定直接經濟來源的公民，可以向發卡行申請信用卡。申請方式一般是通過填寫信用卡申請表，申請表的內容一般包括申領人的名稱、基本情況、經濟狀況或收入來源、擔保人及其基本情況等。並提交一定的證件複印件與證明等給發卡行。客戶按照申請表的內容如實填寫后，在遞交填寫完畢的申請書的同時還要提交有關資信證明。申請表都附帶有使用信用卡的合同，申請人授權發卡行或相關部門調查其相關信息，以及提交信息真實性的聲明，發卡行的隱私保護政策等，並要有申請人的親筆簽名。

(2) 審查。

發卡銀行接到申請人交來的申請表及有關材料后，要對申請人的信譽情況進行審查。審查的內容主要包括申請表的內容是否屬實，對申請的單位還要對其資信程度進行評估，對個人還要審查擔保人的有關情況。各個發卡行的標準也不盡相同。因此，同樣的材料在不同的銀行可能會出現核發的信用額度不同、信用卡的種類不同，甚至會出現有的銀行審核通過，而有的銀行拒發的情況。

(3) 發卡。

申請人申領信用卡成功后，發卡行將為持卡人在發卡銀行開立單獨的信用卡帳戶，以供購物、消費和取現后進行結算。

(4) 開卡。

由於信用卡申請通過后是通過郵寄將卡片寄出等方式，所以並不能保證領取人就是申請人。為了使申請人和銀行免遭盜刷損失，信用卡在正式啟用前設置了開卡程序。開卡主要是通過電話或者網路等，核對申請時提供的相關個人信息，符合后即完成開卡程序。此時申請人變為卡片持有人，在卡片背後簽名后可以正式開始使用。信用卡開卡后一般需同時為卡設立密碼。

(5) 銷卡。

信用卡銷卡前，帳戶余額必須清零，銷卡在申請提出后的 45 天內完成銷卡的全部流程。

第三節　個人投資理財業務

在金融機構混業經營快速發展的今天，單純的銀行儲蓄與貸款業務已經無法滿足銀行各種層次客戶日益增長的理財需求。商業銀行的產品及服務多樣化不僅表現為儲蓄貸款業務的多樣化，同時也表現為中間代理業務的多樣化。

中間業務又稱表外業務，商業銀行的中間業務主要有本幣結算、外幣結算、銀行卡、信用證、備用信用證、票據擔保、貸款承諾、衍生金融工具、代理業務、諮詢顧問業務等。在國外，商業銀行的中間業務發展得相當成熟。發達國家的商業銀行中間業務收入占全部收益的比重均在 40% 左右，而中國現階段，商業銀行表外業務的規模

一般占其資產總額的15%以上，但該類別占比仍在迅速擴大之中。在眾多類型的中間業務之中，最為銀行個人客戶熟悉的便是銀行的個人投資理財業務，而大部分銀行個人投資理財業務，除了銀行自身以儲蓄投資為目的發行並自行管理運作的銀行理財產品以外，其他的均可歸屬為代理類中間業務。常見的銀行代理的個人投資理財業務有銀證轉帳業務、代理個人保險業務、代理開放式基金業務、代理憑證式國債業務、代理貴金屬交易業務等。

(一) 銀證轉帳業務

銀證轉帳是指將客戶在銀行開立的個人結算存款帳戶（或借記卡）與證券公司的資金帳戶建立對應關係，通過銀行的電話銀行、網上銀行、網點自助設備和證券公司的電話、網上交易系統及證券公司營業部的自助設備將資金在銀行和證券公司之間劃轉，為客戶存取款提供便利。銀證轉帳的服務時間與中國證券市場的服務時間相同，為每週一至周五（法定節假日除外），每天9：30~11：30，13：00~15：00，部分銀行可將銀證轉帳交易時間擴展到每個交易日9：00~16：00。

(二) 代理個人保險業務

代理保險業務是指商業銀行接受保險公司委託代其辦理保險業務的業務。商業銀行代理保險業務，可以受託代理個人或法人投保各險種的保險事宜，也可以作為保險公司的代表，與保險公司簽訂代理協議，代保險公司承接有關的保險業務。代理保險業務一般包括代售保單業務和代付保險金業務。一般具備代理保險業務資格的銀行，可代理銷售包括意外傷害險、重大疾病險、定期壽險、年金保險、家庭財產險等在內的各類保險產品，以及代理銷售保險公司的相關理財產品。

(三) 開放式基金代銷業務

開放式基金代銷業務是指商業銀行接受基金管理人的委託，簽訂書面代銷協議，代理基金管理人銷售開放式基金，受理投資者開放式基金認購、申購和贖回等業務申請，同時提供配套服務的一項中間業務。中國大型商業銀行的基金代銷業務種類普遍較為齊全，對於偏好投資基金產品的個人投資者而言，商業銀行的基金代銷業務為其提供了更多的選擇性、更高的便捷度以及投資資金安全保障。

(四) 代理憑證式國債業務

代理憑證式國債業務是具備資質的銀行代理國家財政部發行的一種債務憑證，按照面值向個人投資者發售，發售面值為百元的整數倍。由於以國家信用做擔保，信用等級高，可以看作是零風險投資。銀行代理發行的憑證式國債按年度、分期次發行，

存期一般為二年、三年、五年，客戶在購買國債時由銀行營業網點簽發國債收款憑證，該憑證為記名憑證，可掛失，可在同一城市內通兌，到期或提前兌付憑該憑證支取本息。同時，對於憑證式國債國家免徵利息稅。

（五）代理貴金屬交易業務

銀行的代理貴金屬交易業務一般是指代理上海黃金交易所掛牌交易的貴金屬現貨實盤合約交易以及貴金屬遞延交易業務，其代理的個人交易品種包括 Au100g、Au99.95、Au99.99、iAu100g、iAu99.5 和 iAu99.99，遞延交易品種包括黃金遞延合約 Au（T+D）、白銀遞延合約 Ag（T+D）和 Mini 黃金遞延合約 mAu（T+D）。銀行根據客戶提交的委託，代理進行委託報價、資金清算及實物交割等操作。

代理實物貴金屬業務是以人民幣進行結算，投資者既可在黃金交易所場內進行實物黃金買賣交易，又可選擇提取實物金條。其交易方式為客戶自主報價、實盤交易、撮合成交，並可進行實物交割。其特點為交易渠道廣（網上銀行、交易終端、網點櫃臺等），投資起點低（僅為 10 克黃金），交易價格透明，交易時間長（分日市、夜市交易），手續費低廉。

代理實物貴金屬遞延業務是以保證金方式進行交易的現貨交易品種，客戶可以選擇交易日當天交割實物現貨，也可以選擇延期交割；同時，引入延期補償費機制（簡稱遞延費）來平抑實物交割中可能存在的供求矛盾。其業務特點為採用保證金方式交易、可以雙向投資、交易渠道安全便捷、交易時間延伸、交易價格透明。

第二章 銀行對公業務概述

銀行對公業務也可稱為企業銀行業務（Business Banking），包括企業電子銀行、單位存款業務、信貸業務、機構業務、國際業務、委託性住房金融、資金清算、中間業務、資產推介、基金託管等，通俗點說就是「對單位辦理的銀行業務」。具體來說，對公業務是以企業法人、單位等客戶為主體，圍繞公存帳戶開展各類儲蓄、貸款、票據等業務。本章節作為其對應的對公業務實驗實訓章節的理論基礎部分，主要從對公儲蓄業務、對公貸款業務以及公司票據業務三大最主要的銀行對公業務進行重點概述。

第一節　對公儲蓄業務

（一）單位活期存款業務

1. 基本概念

單位活期存款是一種隨時可以存取、按結息期計算利息的存款，其存取主要通過現金或轉帳辦理。這種存款的特點是不固定期限，客戶存取方便，隨時可以支取。

單位活期存款帳戶分為基本存款帳戶、一般存款帳戶、臨時存款帳戶和專用存款帳戶四類帳戶。

（1）基本存款帳戶。它是指辦理轉帳結算和現金收付的主辦帳戶，經營活動的日常資金收付以及工資、獎金和現金的支取均可通過該帳戶辦理。存款人只能在銀行開立一個基本存款帳戶。開立基本存款帳戶是開立其他銀行結算帳戶的前提。按人民幣銀行結算帳戶管理辦法規定，一家單位只能選擇一家銀行申請開立一個基本存款帳戶。

（2）一般存款帳戶。它是指存款人因借款或其他結算需要，在基本存款帳戶開戶銀行以外的銀行營業機構開立的銀行結算帳戶。

（3）臨時存款帳戶。它是指存款人因臨時需要並在規定期限內使用而開立的銀行結算帳戶。比如因異地臨時經營活動需要時，可以申請開立異地臨時存款帳戶，用於資金的收付。

（4）專用存款帳戶。它是指存款人按照法律、行政法規和規章，對其特定用途資金進行專項管理和使用而開立的銀行結算帳戶。其目的是保證特定用途的資金專款專

用，並有利於監督管理。

2. 業務辦理

一般各商業銀行的分理處、各級營業部等對公分支機構均可辦理公司客戶的活期存款業務。存款單位開立帳戶時應到擬開戶行領取空白「開戶申請書」和「印鑒卡」一式三份，如實填寫各項內容，並加蓋與帳戶名稱一致的單位公章和法人章或根據法人授權書的內容加蓋其授權人章；在「印鑒卡」上還可加蓋單位財務專用章和法人章，或加蓋財務專用章、法人和財務主管人員章。以上私人名章均可用本人簽字代替。

同時，開戶申請人還應提交以下資料：

(1) 工商行政機關核發的營業執照。
(2) 國家外匯管理局規定須提供的資料和批文（開立外匯存款帳戶時需要）。
(3) 國家技術監督局辦理的企業標準代碼證書。
(4) 其他銀行內部規定的資料。

(二) 單位定期存款業務

1. 基本概念

單位定期存款是銀行與單位存款人雙方在存款時事先約定期限、利率，到期後支取本息的存款。定期存款用於結算或從定期存款帳戶中提取現金。客戶若臨時需要資金可辦理提前支取或部分提前支取。定期存款存入方式可以是現金存入、轉帳存入或同城提出代付。銀行一般對單位定期存款的起存金額有最低限額規定，比如人民幣起存金額1萬元。

人民幣定期存款通常分為三個月、半年、一年、二年、三年、五年六個利率檔次；中資企業外匯定期存款可分為一個月、三個月、六個月、一年、兩年五檔。

2. 單位定期存款的管理與支取

商業銀行對單位定期存款實行帳戶管理（大額可轉讓定期存款除外）。存款時單位須提交開戶申請書、營業執照正本等，並預留印鑒。印鑒應包括單位財務專用章、單位法定代表人章（或主要負責人印章）和財會人員章。由接受存款的商業銀行給存款單位開出「單位定期存款開戶證實書」（以下簡稱「證實書」），證實書僅對存款單位開戶證實，不得作為質押的權利憑證。

單位定期存款可以全部或部分提前支取，但只能提前支取一次。全部提前支取的，按支取日掛牌公告的活期存款利率計息；部分提前支取的，提前支取的部分按支取日掛牌公告的活期存款利率計息，其餘部分如不低於起存金額由商業銀行按原存期開具新的證實書，按原存款開戶日掛牌公告的同檔次定期存款利率計息；不足起存金額則予以清戶。單位定期存款到期不取，逾期部分按支取日掛牌公告的活期存款利率計付利息。商業銀行辦理大額可轉讓定期存單業務按照《大額可轉讓定期存單管理辦法》執行。

存款單位支取定期存款只能以轉帳方式將存款轉入其基本存款帳戶，不得將定期存款用於結算或從定期存款帳戶中提取現金。支取定期存款時，須出具證實書支取手

續，同時收回證實書。

第二節 公司貸款業務

　　銀行的公司貸款業務，或稱企業貸款業務是指企業為了生產經營的需要，向銀行按照規定利率和期限的一種借款方式。企業的貸款主要是用來進行固定資產購建、技術改造等大額長期投資，現階段也有一年期以下的短期企業貸款。目前，狹義的企業貸款業務種類包括流動資金貸款、固定資產貸款、信用貸款、擔保貸款、股票質押貸款、外匯質押貸款、單位定期存單質押貸款、黃金質押貸款、銀團貸款，而廣義的企業貸款還包括銀行承兌匯票、銀行承兌匯票貼現、商業承兌匯票貼現、買方或協議付息票據貼現等公司票據業務。本節主要講解狹義的公司貸款業務中較為主流的貸款品種。

(一) 流動資金貸款

　　流動資金貸款是為滿足生產經營者在生產經營過程中短期資金需求，保證生產經營活動正常進行而發放的貸款。按貸款期限可分為一年期以內的短期流動資金貸款和一年至三年期的中期流動資金貸款；按貸款方式可分為擔保貸款和信用貸款，其中擔保貸款又分保證、抵押和質押等形式；按使用方式可分為逐筆申請、逐筆審貸的短期週轉貸款，和在銀行規定時間及限額內隨借、隨用、隨還的短期循環貸款。流動資金貸款作為一種高效實用的融資手段，具有貸款期限短、手續簡便、週轉性較強、融資成本較低的特點。

　　流動資金貸款按貸款期限，可分為臨時貸款、短期貸款、中期貸款。
　　(1) 臨時貸款是指期限在 3 個月（含 3 個月）以內的流動資金貸款，主要用於企業。
　　(2) 短期貸款是指期限為 3 個月至 1 年（不含 3 個月，含 1 年）的流動資金貸款，主要用於企業正常生產經營週轉的資金需求。
　　(3) 中期貸款是指期限為 1 年至 3 年（不含 1 年，含 3 年）的流動資金貸款，主要用於企業正常生產經營中經常性的週轉占用和鋪底流動資金貸款。

(二) 固定資產貸款

　　固定資產貸款是銀行為解決企業固定資產投資活動的資金需求而發放的貸款，主要用於企業基本建設、技術改造、開發並生產新產品等活動及相關的房屋購置、工程建設、技術設備購買與安裝等的中長期本外幣貸款。

　　固定資產貸款項目和貸款計劃的安排，必須以國家批准的項目計劃和信貸計劃為依據，根據規定的程序和授權，先評估，後決策。固定資產貸款項目的選擇條件：必

須符合國家產業政策和金融政策，向有利於促進國民經濟持續、快速、健康發展和各項社會事業全面進步的基礎產業、支柱產業以及具有較大競爭力和發展潛能的新興產業傾斜；增強市場觀念，提高投資效益，結合銀行的業務發展方向，注意培育銀行的基本戶和重點戶；符合商業銀行資金營運的要求，注重資金安全性、流動性、效益性的協調統一，既保證貸款本息的按時收回，擴大銀行對經濟的調節能量和影響，又兼顧銀行的實際承受能力。

(三) 房地產開發貸款

房地產開發貸款是指對房地產開發企業發放的用於住房、商業用房和其他房地產開發建設的中長期項目貸款。房地產貸款的對象是註冊的有房地產開發、經營權的國有、集體、外資和股份制企業。房地產開發貸款期限一般不超過三年（含三年）。貸款原則上應採取抵押擔保或借款人有處分權的國債、存單及備付信用證質押擔保方式，擔保能力不足部分可採取保證擔保方式。

按照開發內容的不同，房地產開發貸款又有以下幾種類型：

（1）住房開發貸款。它是指銀行向房地產開發企業發放的用於開發建造向市場銷售住房的貸款。

（2）商業用房開發貸款。它是指銀行向房地產開發企業發放的用於開發建造向市場銷售，主要用於商業行為而非家庭居住用房的貸款。

（3）土地開發貸款。它是指銀行向房地產開發企業發放的用於土地開發的貸款。

（4）房地產開發企業流動資金貸款。它是指房地產開發企業因資金週轉所需申請的貸款，不與具體項目相聯繫，由於最終仍然用來支持房地產開發，因此這類貸款仍屬房地產開發貸款。

(四) 併購貸款

所謂併購貸款，即商業銀行向併購方企業或併購方控股子公司發放的，用於支付併購股權對價款項的本外幣貸款。該業務是針對境內優勢客戶在改制、改組過程中，有償兼併、收購國內其他企事業法人、已建成項目及進行資產、債務重組中產生的融資需求而發放的貸款。併購貸款是一種特殊形式的項目貸款。普通貸款在債務還款順序上是最優的，但如果貸款用於併購股權，則通常只能以股權分紅來償還債務。

(五) 銀團貸款

銀團貸款又稱為辛迪加貸款（Syndicated Loan），是由獲準經營貸款業務的一家或數家銀行牽頭，多家銀行與非銀行金融機構參加而組成的銀行集團（Banking Group）採用同一貸款協議，按商定的期限和條件向同一借款人提供融資的貸款方式。國際銀團是由不同國家的多家銀行組成的銀行集團。該貸款業務的對象一般為有巨額資金需

求的大中型企業、企業集團和國家重點建設項目。

銀團貸款可分為直接銀團貸款和間接銀團貸款。前者是指在牽頭銀行的統一組織下，由借款人與各成員行組成的銀團直接進行談判並共同簽訂同一份貸款合同，各成員行根據貸款合同規定的條件、按照其各自事先承諾的貸款額度向借款人發放貸款，並由代理行統一負責貸款的管理和回收。后者指的是牽頭銀行單獨與借款人簽訂貸款合同並向借款人發放或承諾發放貸款，然后牽頭行再通過將部分已經發放的貸款或承諾發放的貸款分別轉讓給其他願意提供貸款的銀行的方式安排其他願意提供貸款的銀行發放貸款，由牽頭行和受讓貸款的銀行共同組成銀團，並由同時作為代理行的牽頭行負責貸款管理的銀團貸款，有時又稱參與型的銀團貸款。

第三節　公司票據業務

商業銀行的票據業務是指銀行按照一定的方式和要求為票據的設立、轉移和償付而進行的日常營業性的業務活動。它是銀行一項傳統的、建立在商業信用基礎之上的資產業務，是銀行信用和商業信用的結合。開辦票據業務，可以促進商業信用的票據化，加強對商業信用的管理，為促進商品生產和商品流通、搞活經濟創造條件。近幾年來，中國票據業務發展迅猛，這得益於中國經濟的快速增長和企業對短期融資需求的增加。票據作為企業間、銀企間的融資工具，兼具結算和融資功能，同時，票據以其較高的流動性和穩定的收益，也成為國內金融機構競爭的焦點。在國家實行宏觀調控、壓縮信貸規模、抑制部分行業投資過熱的政策下，票據融資業務成為企業融資的主要渠道，成為企業解決資金緊張以及各金融機構實現利潤新的增長點的主要業務，但不可忽視的是，票據業務同時也潛藏著較大的風險。從票據業務的風險來看，有承兌行風險、持票風險、貼現風險、回購風險、轉讓風險、劃款風險等。

中國商業銀行公司票據業務的種類主要包括銀行本票、銀行匯票、商業匯票的承兌及貼現業務等，同時還包括由票據交易衍生出來的票據抵押放款等信貸業務。此外，按照信貸業務核算的歸屬劃分，票據的貼現屬於表內業務，而商業匯票承兌業務屬於表外業務。

（一）銀行本票

1. 基本概念

銀行本票是申請人將款項交存銀行，由銀行簽發的承諾自己在見票時無條件支付確定的金額給收款人或者持票人的票據（如圖 2-1 所示）。銀行本票按照其金額是否固定可分為不定額和定額兩種。不定額銀行本票是指憑證上金額欄是空白的，簽發時根據實際需要填寫金額（起點金額為 5,000 元），並用壓數機壓印金額的銀行本票；定額銀行本票是指憑證上預先印有固定面額的銀行本票。定額銀行本票面額為 1,000 元、5,000 元、10,000 元和 50,000 元，其提示付款期限自出票日起最長不得超過 2 個月。

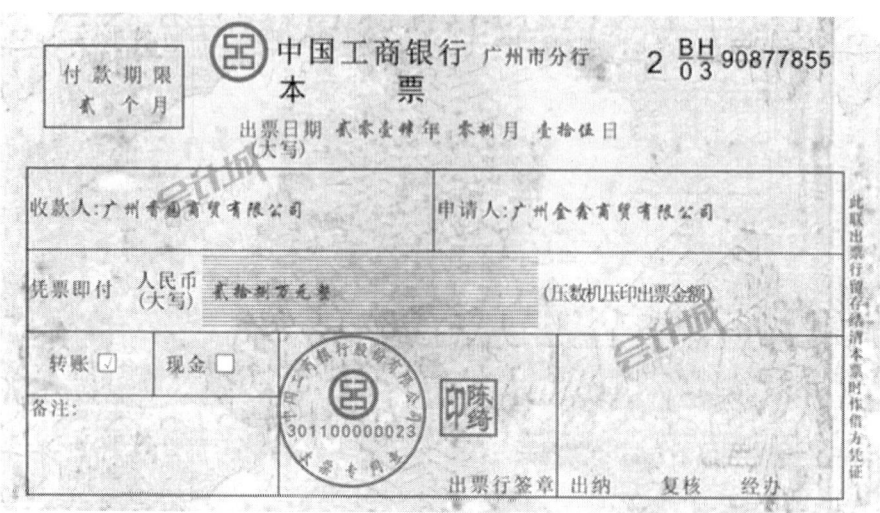

圖 2-1　銀行本票

2. 主要特點

與其他銀行結算方式相比，銀行本票結算具有如下特點：

（1）使用方便。

中國現行的銀行本票使用方便靈活。單位、個體經濟戶和個人不管其是否在銀行開戶，他們之間在同城範圍內的所有商品交易、勞務供應以及其他款項的結算都可以使用銀行本票。收款單位和個人持銀行本票可以辦理轉帳結算，也可以支取現金，同樣也可以背書轉讓。銀行本票見票即付，結算迅速。

（2）信譽度高，支付能力強。

銀行本票是由銀行簽發，並於指定到期日由簽發銀行無條件支付，因而信譽度很高，一般不存在得不到正常支付的問題。其中，定額銀行本票由中國人民銀行發行，各大國有商業銀行代理簽發，不存在票款得不到兌付的問題。不定額銀行本票由各大國有商業銀行簽發，由於其資金力量雄厚，因而一般也不存在票款得不到兌付的問題。

3. 業務辦理注意事項

（1）本票是銀行簽發、承諾自己在見票時無條件支付確定的金額給收款人或者持票人的票據。單位和個人在同一票據交換區域需要支付各種款項，均可使用銀行本票。

（2）一般情況下，銀行簽發的銀行本票可在當地各銀行通存通兌。通存通兌的本票不受理掛失。

（3）銀行本票可以用於轉帳；註明「現金」字樣的，可支取現金。

（4）銀行本票的提示付款期自出票日起最長不得超過 2 個月。

（5）申請人或收款人為單位的，不得申請簽發現金銀行本票。

（6）銀行本票可以背書轉讓，但填明「現金」字樣的銀行本票不得背書轉讓。

(二）銀行匯票

1. 基本概念

銀行匯票是指由出票銀行簽發的，由其在見票時按照實際結算金額無條件付給收款人或者持票人的票據（如圖 2-2 所示）。銀行匯票的出票銀行為經中國人民銀行批准辦理銀行匯票的銀行。多用於辦理異地轉帳結算和支取現金，由其在見票時，按照實際結算金額無條件支付給收款人或持票人的票據。銀行匯票有使用靈活、票隨人到、兌現性強等特點，適用於先收款后發貨或錢貨兩清的商品交易。

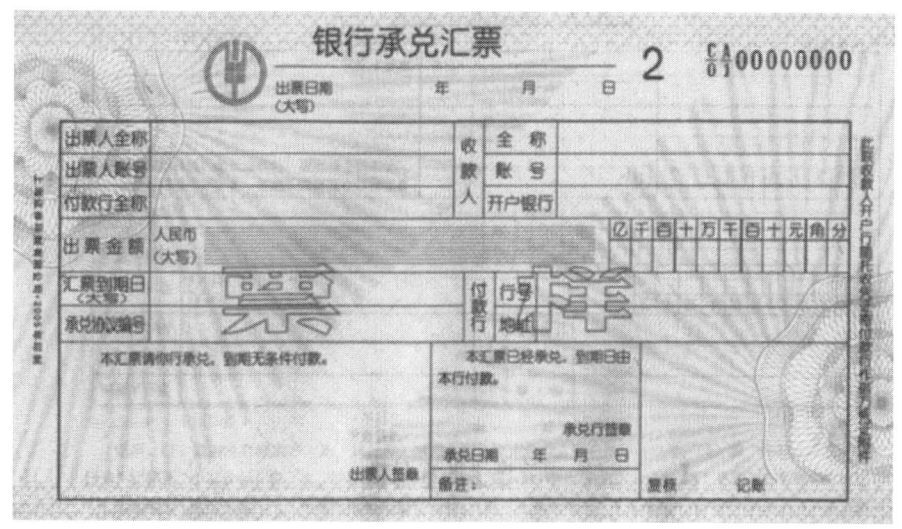

圖 2-2　銀行匯票

銀行匯票一式四聯：第一聯為卡片，為承兌行支付票款時作付出傳票；第二聯為銀行匯票，與第三聯解訖通知一併由匯款人自帶，在兌付行兌付匯票後此聯做銀行往來帳付出傳票；第三聯為解訖通知，在兌付行兌付後隨報單寄簽發行，由簽發行做余款收入傳票；第四聯為多余款通知，並在簽發行結清后交匯款人。

2. 主要特點

與其他銀行結算方式相比，銀行匯票結算方式具有如下特點：

（1）適用範圍廣。

銀行匯票是目前異地結算中較為廣泛採用的一種結算方式。這種結算方式不僅適用於在銀行開戶的單位、個體經濟戶和個人，而且適用於未在銀行開立帳戶的個體經濟戶和個人。凡是各單位、個體經濟戶和個人需要在異地進行商品交易、勞務供應和其他經濟活動及債權債務的結算，都可以使用銀行匯票。銀行匯票既可以用於轉帳結算，也可以支取現金。

（2）票隨人走，錢貨兩清。

實行銀行匯票結算，購貨單位交款，銀行開票，票隨人走；購貨單位購貨給票，銷售單位驗票發貨，一手交票，一手交貨；銀行見票付款。這樣可以減少結算環節，縮短結算資金在途時間，方便購銷活動。

（3）信用度高，安全可靠。

銀行匯票是銀行在收到匯款人款項后簽發的支付憑證，因而具有較高的信譽，銀行保證支付，收款人持有票據，可以安全及時地到銀行支取款項。而且，銀行內部有一套嚴密的處理程序和防範措施，只要匯款人和銀行認真按照匯票結算的規定辦理，匯款就能保證安全。一旦匯票丟失，如果確屬現金匯票，匯款人可以向銀行辦理掛失，填明收款單位和個人，銀行可以協助防止款項被他人冒領。

（4）使用靈活，適應性強。

實行銀行匯票結算，持票人可以將匯票背書轉讓給銷貨單位，也可以通過銀行辦理分次支取或轉讓，另外還可以使用信匯、電匯或重新辦理匯票轉匯款項，因而有利於購貨單位在市場上靈活地採購物資。

（5）結算準確，余款自動退回。

一般來講，購貨單位很難準確確定具體購貨金額，因而出現匯多用少的情況是不可避免的。在有些情況下，多余款項往往因為長時間得不到清算從而給購貨單位帶來不便和損失。而使用銀行匯票結算則不會出現這種情況，單位持銀行匯票購貨，凡在匯票的匯款金額之內的，可根據實際採購金額辦理支付，多余款項將由銀行自動退回。這樣可以有效地防止交易尾欠的發生。

3. 業務辦理注意事項

（1）銀行匯票適用於單位、個人匯撥各種款項的結算。

（2）銀行匯票可以用於轉帳；填明「現金」字樣的，可支取現金。

（3）申請人或者收款人為單位的，不得申請簽發現金銀行匯票。

（4）銀行匯票一律記名，可以背書轉讓。

（5）銀行匯票的提示付款期限自出票日起一個月。

（6）未指定代理付款人的銀行匯票丟失，銀行不受理掛失止付，僅作道義上的協助防範。

（7）申請人因銀行匯票超過付款提示期或其他原因，要求退款時，需持匯票和「解匯通知」到原出票行辦理退匯手續。若因缺少「解匯通知聯」的匯票要求退匯的，應在匯票提示付款期滿一個月后（即簽發月開始兩個月后）到銀行辦理退匯。若因銀行匯票丟失，要求退匯的，應在提示付款期滿一個月后持人民法院出具的有效證明到銀行辦理退匯。

（三）商業匯票

1. 基本概念

商業匯票是出票人簽發的，委託付款人在指定日期無條件支付確定的金額給收款

人或者持票人的票據。商業匯票分為商業承兌匯票（如圖 2-3 所示）和銀行承兌匯票（如圖 2-4 所示）。其中，商業承兌匯票由銀行以外的付款人承兌（付款人為承兌人），銀行承兌匯票由銀行承兌。

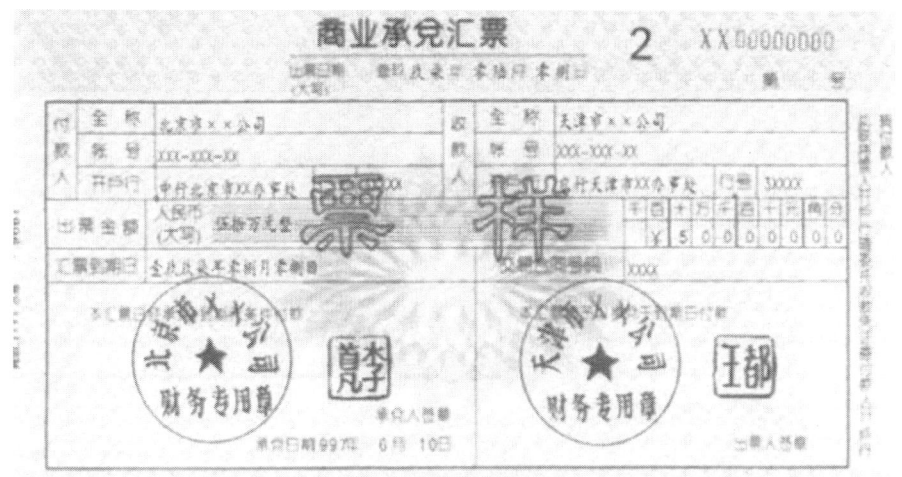

圖 2-3　商業承兌匯票

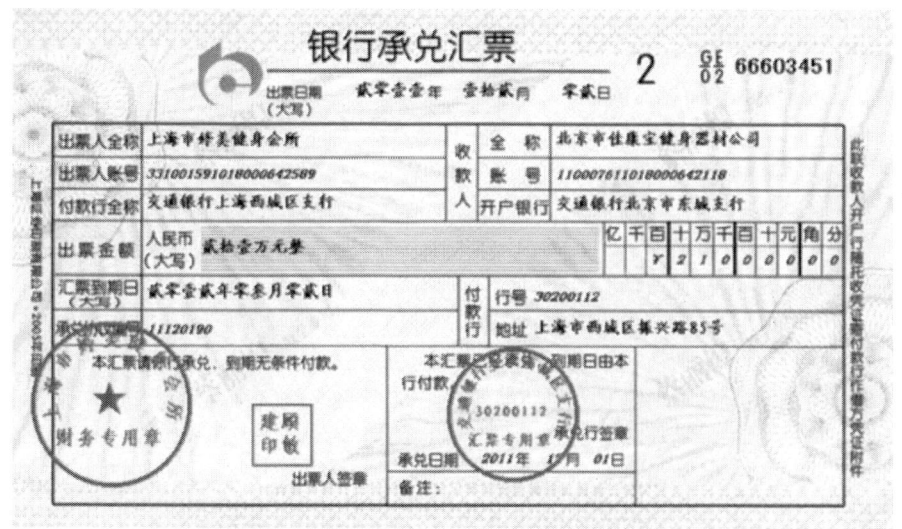

圖 2-4　銀行承兌匯票

商業匯票一般有三個當事人，即出票人、收款人和付款人。

工商企業需要使用商業匯票時，可成為出票人。商業承兌匯票與銀行承兌匯票的主要區別為：銀行承兌匯票的出票人是銀行、商業承兌匯票的出票人是工商企業。

收款人是商業匯票上實際載明的收取匯票金額的人。一般分為以下情況：

（1）如果出票人是基礎關係中的債務人，收款人應當是其相對債權人；該債權人收到票據後，向與出票人有資金關係的其他工商企業或銀行提示承兌，該債權人即可憑票據在規定日期收取款項。

（2）如果出票人是基礎關係中的債權人，那麼出票人應當是收款人；在這種情況下，出票人作為債權人向其相對債務人簽發匯票，再由該債務人向其開戶銀行提示承兌（並提供充足資金）後，再將匯票還給出票人；原出票人可在規定日期持票通過銀行收取債務人的票面金額。

付款人即對商業匯票金額實際付款的人。一般分為以下情況：

（1）在出票人是債務人時，其相對債權人成為票據收款人，相對債權人可持票向出票人的開戶銀行提示承兌，由該銀行從出票人的銀行存款中代為付款，出票人是實際付款人；或者根據與出票人的約定，該債權人向與出票人有資金關係的其他工商企業提示承兌，該工商企業向該債權人付款並成為實際付款人。

（2）在出票人是債權人時，其相對債務人收到票據後，可持票向其開戶銀行提示承兌並提供充足的資金，由該銀行從該債務人的銀行存款中向出票人代為付款，該債務人是實際付款人。

2. 主要特點

（1）與銀行匯票等相比。

商業匯票的適用範圍相對較窄，各企業、事業單位之間只有根據購銷合同進行合法的商品交易，才能簽發商業匯票。除商品交易以外，其他方面的結算，如勞務報酬、債務清償、資金借貸等不可採用商業匯票結算方式。

（2）與銀行匯票等結算方式相比。

商業匯票的使用對象也相對較少。商業匯票的使用對象是在銀行開立帳戶的法人或者其他組織。使用商業匯票的收款人、付款人以及背書人、被背書人等必須同時具備兩個條件：一是在銀行開立帳戶，二是具有法人資格。個體工商戶、農村承包戶、個人、法人的附屬單位等不具有法人資格的單位或個人，以及雖具有法人資格但沒有在銀行開立帳戶的單位都不能使用商業匯票。

3. 業務辦理注意事項

（1）商業匯票可以由付款人簽發，也可以由收款人簽發，但都必須經過承兌。只有經過承兌的商業匯票才具有法律效力，承兌人負有到期無條件付款的責任。商業匯票到期，因承兌人無款支付或其他合法原因，債權人不能獲得付款時，可以按照匯票背書轉讓的順序，向前手行使追索權，依法追索票面金額。該匯票上的所有關係人都應負連帶責任。

（2）商業匯票的承兌期限由交易雙方商定，一般為3個月至6個月，最長不得超過6個月，屬於分期付款的應一次簽發若干張不同期限的商業匯票。

（3）簽發商業匯票必須以真實合法的商品交易為基礎。

（4）未到期的商業匯票可以到銀行辦理貼現，從而使結算和銀行資金融通相結合，有利於企業及時地補充流動資金，維持生產經營的正常進行。

（5）商業匯票在同城、異地都可以使用，而且沒有結算起點的限制。

（6）商業匯票一律記名並允許背書轉讓。商業匯票到期后，一律通過銀行辦理轉帳結算，銀行不支付現金。商業匯票的提示付款期限自匯票到期日起 10 日內。商業匯票到期日前，收款人和被背書人應送交開戶銀行辦理向付款人提示付款，對逾期超過 10 日的商業匯票，銀行不予受理。

（7）已承兌的商業匯票丟失，可由失票人通知付款人掛失止付。

（8）對符合條件的未到期銀行承兌匯票，持票人可向銀行申請貼現。

第三章 銀行綜合業務模擬系統概述

本書所涉及的銀行個人及對公業務的仿真實驗實訓部分，均是基於由深圳智盛信息技術股份有限公司開發的商業銀行綜合業務仿真實訓平臺來進行的業務模擬操作。該銀行業務模擬系統是一套採用最新的軟件技術開發設計的金融教學軟件系統，主要是針對高校及職業類院校金融類或經濟類相關專業進行商業銀行業務的模擬教學用途。平臺系統採用最新的銀行業務規範，每項業務的操作及后臺數據管理遵循現代商業銀行會計核算方法，並主要按照中國商業銀行職員職位最主要的兩大分類（即對公與對私業務），通過不同的業務角色扮演，完成不同的業務操作，達到仿真實訓的目的。本章主要從智盛商業銀行綜合業務模擬系統的功能模塊結構、學生端界面、個人及對公業務系統特點、業務範圍及操作管理體系、業務日常操作流程等方面，對該銀行模擬實驗軟件平臺的使用方法進行了系統性概述。

第一節 系統主要功能及業務流程簡介

（一）系統功能簡介

智盛商業銀行綜合業務仿真實訓平臺用於金融及相關專業學生的商業銀行綜合櫃員業務實訓，通過本系統的仿真實訓，學生可以掌握綜合櫃員應具備的基本技能，熟悉銀行的業務流程及操作規範。商業銀行信息系統一般由櫃臺核心業務系統及外圍系統組成。櫃臺核心業務系統是最重要也是必不可少的系統，是商業銀行的會計核算、業務管理系統。智盛商業銀行業務模擬系統的主要功能模塊如圖3-1所示。

該系統具備以下特點：

1. 採用最新的現代商業銀行管理方法

銀行仿真實訓平臺的開發嚴格遵循中國的金融制度、金融法規，在功能和操作流程上與現行的商業銀行業務系統完全保持一致。學生可以通過本系統將所學的銀行理論知識與現代商業銀行業務管理系統相結合，通過對本系統的模擬實驗操作，充分理解所學的銀行理論知識與實際應用系統的聯繫。

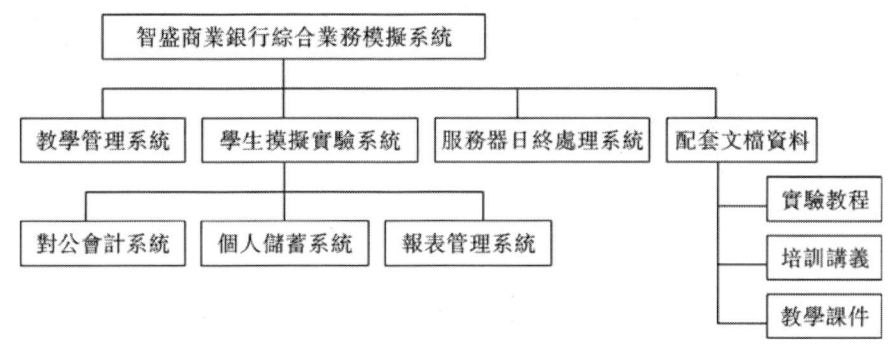

```
                    智盛商業銀行綜合業務模擬系統
                              │
       ┌──────────────┬───────┴────────┬──────────────┐
   教學管理系統    學生模擬實驗系統   服務器日終處理系統   配套文檔資料
                       │                                 │
           ┌───────────┼───────────┐              ┌──────┤
       對公會計系統  個人儲蓄系統  報表管理系統       實驗教程
                                                  培訓講義
                                                  教學課件
```

圖 3-1　主要功能模塊

2. 規範標準的商業銀行會計系統

該系統採用最新的金融會計制度（4位會計科目代碼），以及大會計、綜合櫃員制的帳務管理方式。系統採用了當前商業銀行流行的系統結構和大會計、綜合櫃員的帳務管理方式。學生通過實訓可以更好地理解現代商業銀行綜合業務系統中核心會計，即並帳制。核心會計系統代表了先進銀行系統的一個主要特點，也是目前國內商業銀行系統發展的一個新趨勢。把傳統會計系統的一些功能包括對公業務和各業務帳戶的明細核算分散到各個應用中去，不以公、私業務及業務部門來劃分系統，加強會計的分析管理功能，將大會計系統轉為總帳系統，將核算會計向管理會計過渡。面向綜合櫃員，通過在並帳制的基礎之上，對前臺系統和綜合業務系統進行有機結合，在保留原有帳務軋平方式的基礎上，逐步將櫃面人員以面向帳務為主改為面向業務為主，提高業務的處理效率，以利於新業務的開展。

3. 與商業銀行完全一樣的業務管理模式

商業銀行業務管理模式一般是採用三級管理方式，即「總行—分行—支行」模式，這種模式是目前國內所有商業銀行通行的業務模式。本實訓平臺同樣採用這種業務模式，教師可以將每個班級設置為一個支行，學生擔任這個支行的櫃員角色。

4. 完全一樣的商業銀行業務流程

採用與商業銀行完全一樣的業務操作流程，學生通過模擬操作銀行業務，達到身臨其境地體驗銀行各類角色的效果。允許學員扮演銀行實際工作中的各種特定角色（如會計、儲蓄、出納、貸款者、報表管理者、綜合查詢者、個人客戶、企業客戶等），通過聯機交易，分工體驗到銀行的實際業務環境，從信息化的高度全面把握銀行的業務流程，達到現代化商業銀行從業人員所具備的高素質。

5. 系統採用面向客戶的管理體系

系統可以讓學生理解現代商業銀行綜合業務面向客戶的管理體系。採用面向管理、服務、產品、客戶和數據的全新概念設計，而不是傳統的面向記帳、傳票、交易、帳戶、流程的設計，使實際的應用系統能真正擺脫垂直的應用體系而獨立於銀行的組織結構。

目前大部分銀行業務系統的業務處理均以帳號為基礎，同一客戶不同的業務品種的帳務之間缺乏有機的聯繫。同一客戶的存貸款、資金去向等完整的業務信息難以把

握。為加強對客戶的服務，減少銀行資金營運風險，必須強化對客戶信息的管理。為此改變以往應用系統設計的方法，提出面向客戶信息的設計方法，以客戶信息文件為基礎，構造客戶信息管理子系統，這樣銀行就可以綜合掌握客戶狀況，以便提供全面的客戶追蹤和決策分析手段。如資信評估、風險評估等。並為客戶提供更好的服務手段，如一卡通、一本通、企業理財、個人理財等。

（二）對私業務操作總流程

模擬系統的對私業務部分需要用對私業務帳號登錄平臺，對私業務平臺的主要操作模塊包含通用模塊、一般查詢、個人儲蓄、代理業務、信用卡業務和報表打印六大模塊。其業務總流程如圖3-2所示。

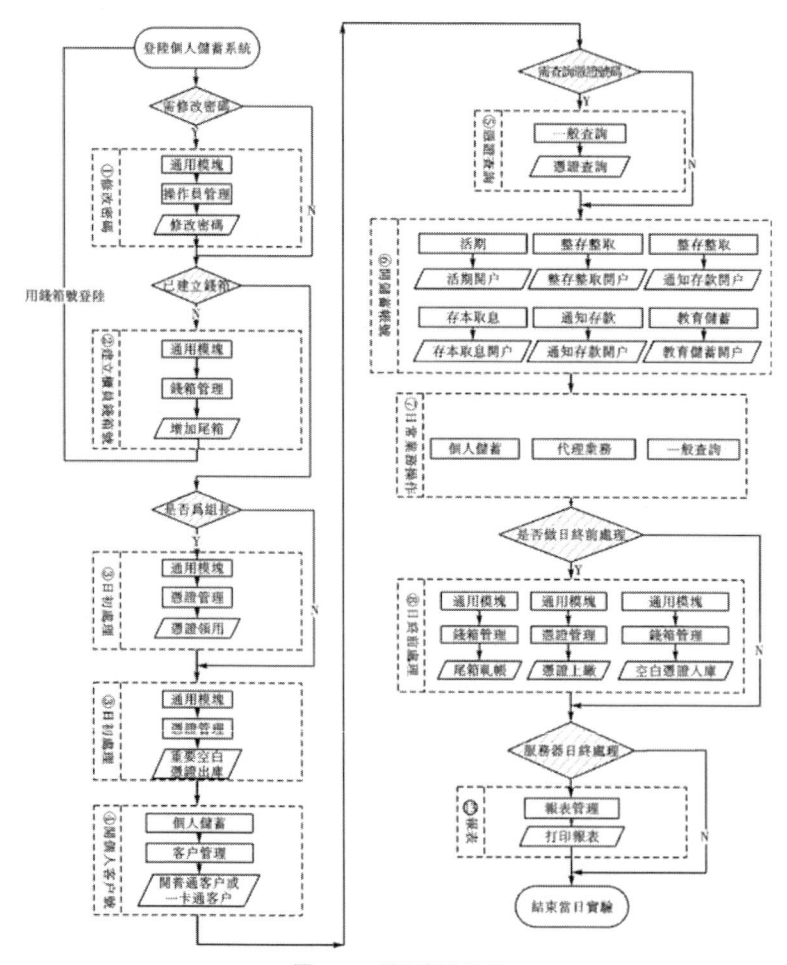

圖3-2 對私業務流程

(三) 對公業務操作總流程

模擬系統的對公業務部分需要用對公業務帳號登錄平臺，對公業務平臺的主要操作模塊包含通用模塊、信息查詢、對公存貸、個人貸款、結算業務、報表打印和憑證樣式七大模塊。其業務總流程如圖 3-3 所示。其中，個人貸款業務模塊按照中國現代商業銀行的對公對私業務分類標準，在本書的實驗部分歸入商業銀行對私業務進行操作。

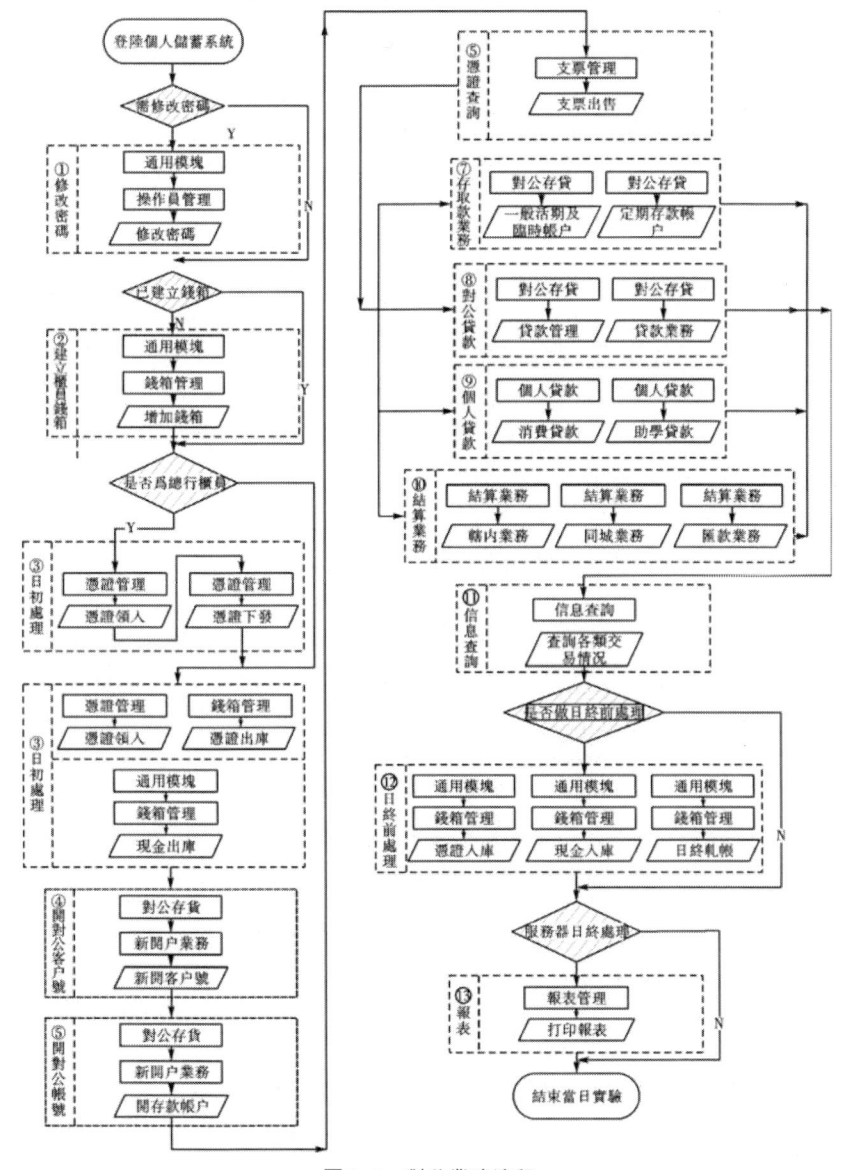

圖 3-3　對公業務流程

第二節　對私業務系統操作概述

(一) 對私業務帳號編排體系

在處理對私業務過程中，需要按銀行帳號管理標準編排帳號。其中包含客戶號、儲蓄帳號、內部帳號以及系統業務代碼的編排。

1. 客戶號

客戶號由 10 位數碼組成：

第 1 位用數字「0」~「3」表示儲蓄帳號；「4」~「8」表示對公帳號，「9」表示內部帳號。我們一般使用的是儲蓄帳號。

第 2~9 位為順序號。

第 10 位為校驗位。

例如：0,0,0,0,0,3,4,8,8 中，第 1 位「0」表示該客戶號是儲蓄帳號；2~9 位的「00000348」是順序號，表示該客戶號是銀行開立的第 348 位客戶；最後一位的「8」表示校驗位。因為儲蓄帳號是「0」~「3」，所以加上順序號后，全行可以有 4 億個儲蓄客戶。

2. 儲蓄帳號

儲蓄帳號共 15 位，由前 10 位的客戶號和后 5 位的帳號后綴共同組成。其中，帳號后綴前 4 位為順序號，第 5 位為校驗位。

例如：0,0,0,0,0,3,4,8,8,0,0,0,1,0 表示客戶號為「0000003488」的客戶開立的第一個子戶（順序號第 5 位為校驗位）。每個客戶號下可以有 1 萬個分戶。

3. 內部帳號

內部帳號是銀行工作人員內部使用的帳號，由 10 位客戶號和 5 位后綴組成。其中，客戶號對應一個網點在某個幣種下的某種業務。

第 1 位用數字「9」表示內部帳號。

第 2~3 位為支行號。

第 4~5 位為網點號。第 2、3、4、5 位合併表示完整的網點編號。

第 6~7 位為貨幣代號。

第 8~10 位為業務代碼。

帳號 5 位后綴為順序號，由全行統一制定。

例如：9,0,1,0,1,1,0,1,0,1,0,0,0,0,1 中，「9」表示內部帳號，「01」表示市行營業部，「01」表示市行營業部 01 網點，第 6~7 位的「10」表示幣種（人民幣），第 8~10 位「101」表示庫存現金業務代碼，最后的 5 位「00001」表示櫃員錢箱。所以這個內部帳號的意思就是向市行營業部 01 網點 00001 櫃員錢箱存放存、取款。

4. 業務代碼

業務代碼對應到唯一的科目。科目可能根據實際業務需要而變動，但是對應的業務代碼是不變的。與科目相對應並不是說與科目一樣。科目可以是 3 位、5 位、7 位，而業務代碼只是 3 位。

（二）對私業務櫃員管理

1. 櫃員編號

櫃員由市行統一管理。櫃員號 5 位，網點櫃員形式為：S##＊＊。其中，「S」表示該櫃員是操作員（如果是 A 則表示該櫃員是 ATM），「##」（01～29）為支行號，「＊＊」為支行下櫃員統一編號（00～99）。例如 S0215 表示 02 支行的第 15 位櫃員。

2. 櫃員級別設置

櫃員級別一般分為管理級和操作級。

（1）管理級。為 A 級，不臨櫃，只做專項授權管理業務，對具體權限按金額和業務操作權限劃分。

（2）操作級。分為 B 級（櫃長）和 C 級（普通操作員）。B 級不臨櫃，但可辦理代扣、代發、小金額授權等特殊業務；C 級的具體權限按金額和業務操作權限劃分。

3. 櫃員密碼管理

櫃員首次使用系統，必須首先修改自己的櫃員密碼。櫃員要保管好自己的密碼，原則上要求每個月對密碼進行修改。因密碼洩露或將密碼交由他人使用而造成的損失由櫃員自己負責。櫃員密碼忘記可由其他櫃員進行櫃員密碼修改操作，對其密碼進行掛失。掛失的密碼必須由中心機房進行解掛並更換新密碼。

對櫃員密碼管理的操作步驟如下：

使用對私業務帳號登入系統，在界面左邊的導航欄中選擇「通用模塊」，再選擇「操作員管理」，可按需要選擇「操作員密碼修改」「操作員學號修改」「操作員密碼掛失」進行修改（如圖 3-4 所示）。

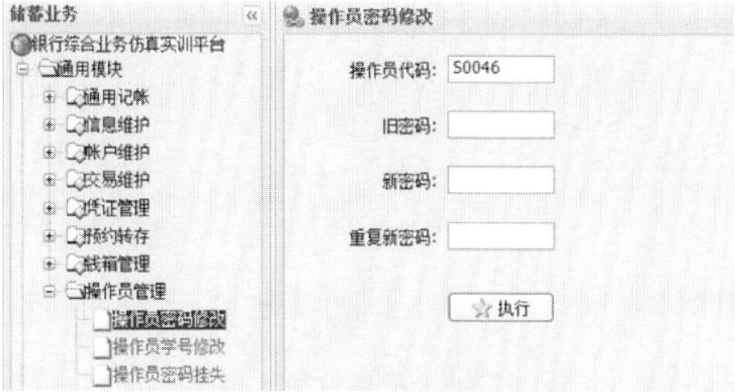

圖 3-4　對私業務帳號登入業面

（三）對私業務憑證管理

1. 憑證種類及使用

程序下的憑證種類包括儲蓄存折、儲蓄存單、一本通存折、一卡通。存折、存單由市行分配，一卡通由卡部分配。該系統可以用儲蓄存折的儲種包括：活期、零整、通知存款、教育儲蓄和存本取息。整存整取和定活兩便都使用儲蓄存單。一本通和一卡通各儲種都可使用。

2. 憑證領用

系統的憑證領用採取從市行到支行、從支行到網點的二級分配體系。支行到市行領用憑證后，市行管理部門必須將憑證的起使號碼位輸入中心機房的管理機內，並進行分配操作，將憑證分配到各支行管理機內。同樣，支行憑證管理員也要將憑證的起始號碼有計劃地分配到各網點的庫錢箱裡，網點憑證負責人在前臺機器交易界面選擇庫錢箱憑證領用交易領入憑證到庫錢箱，櫃員用憑證出庫交易領入憑證。

憑證領用的具體流程為「市行庫→支行庫→網點庫錢箱→櫃員錢箱」。一卡通的分配和普通憑證分配一樣，只是一卡通的分配是從卡部開始，而不是市行庫。在對私業務系統中領用憑證，應選擇界面左邊導航欄中的「通用模塊」→「憑證管理」→「憑證領用」，然後選擇需要領取的憑證類型，以及輸入要領取憑證的開始及結束號碼。輸入號碼時要求錄入包括批號在內的完整憑證號碼。支票必須整本領用，即領用張數填寫必須為 25 的倍數，而且起始號為 25 的倍數加 1，終止號為 25 的倍數（如圖 3-5所示）。

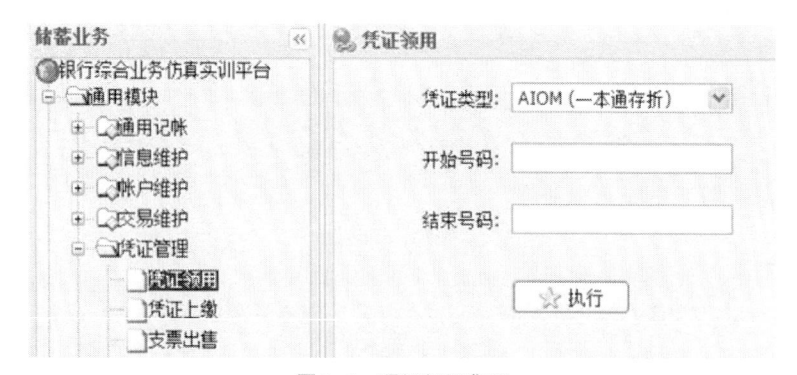

圖 3-5　憑證領用業面

（四）錢箱管理

系統對網點設立庫錢箱和櫃員錢箱。庫錢箱由中心機房建立，櫃員錢箱在櫃員第一次登錄系統註冊時櫃員錢箱號不輸（此時此櫃員錢箱不存在），要櫃員註冊系統做增

加櫃員錢箱后櫃員才生成錢箱號。在櫃員錢箱生成后不能辦理現金業務，需退出系統重新註冊系統（此時此要輸入櫃員錢箱號）后才能辦理現金業務。

本所庫錢箱本網點所有櫃員都可使用，櫃員錢箱只許本櫃員使用，如果一個櫃員不註冊錢箱，則只能做轉帳業務而不能做現金業務。

櫃員第一次登入系統，需要選擇界面左邊導航欄中的「通用模塊」→「錢箱管理」→「增加尾箱」，然后錄入尾箱編號以及尾箱名稱。為自己的櫃員系統綁定錢箱（如圖3-6所示）。每位櫃員只能在自己的櫃員號下增添尾箱，並且尾箱只需建立一次，以后使用本尾箱時，只需要在登錄界面輸入自己設置的尾箱編號登錄即可。

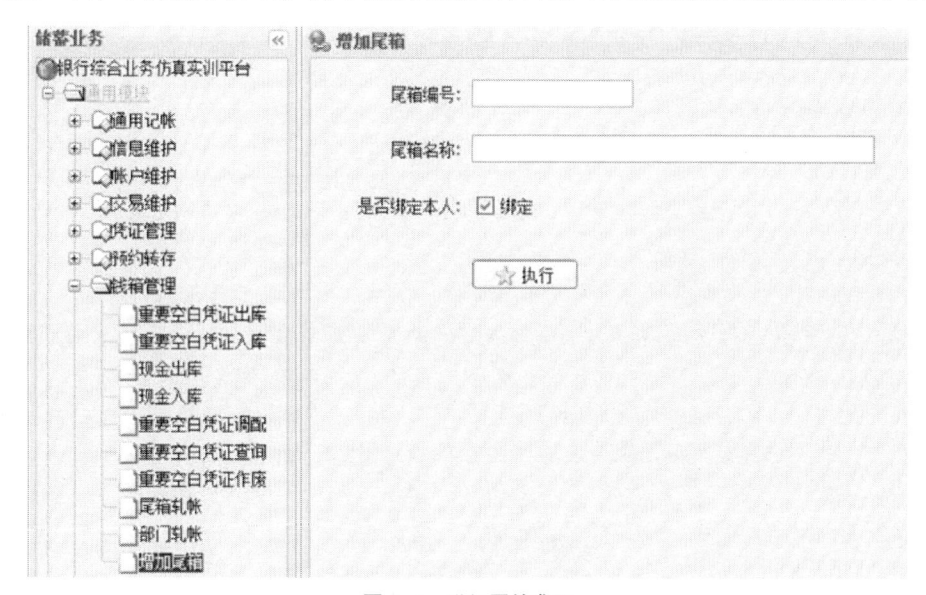

圖3-6 增加尾箱業面

（五）對私業務通用操作

對客戶進行完整的管理，任何新客戶在開帳戶之前，必須先開客戶，帳戶通過「客戶號+帳號后綴」來區分。客戶號（一批）由總行科技部打印出來發給各支行。各儲蓄網點再根據業務需要向上級行申請。客戶號長度為10位：第1~2位為支行號，第3位用數字「0」~「3」表示儲蓄帳號，第4~9位為順序號，第10位為校驗位。客戶號由客戶自己選擇，臨櫃人員輸入電腦。

凡按回車鍵后，彈出刷磁條窗口的，請在刷卡器上刷存折或操作員卡。

若某業務要取消刷磁條的功能，請在窗口上找到「憑證輸入」選擇框，選擇「手工輸入」。

凡按回車鍵后，彈出刷輸入密碼窗口的，請刷操作員卡或提醒客戶按密碼鍵盤輸

入密碼。

定期儲蓄業務中要求輸入存期代碼。存期代碼共3位：第1位為數字「1」時表示以天為單位輸入存期，為「2」時表示以月為單位輸入存期，為「3」時表示以年為單位輸入存期；后面兩位表示相應的存期。現系統中的定期儲蓄業務存期代碼共有以下幾種：1天期通知存款的存期代碼為「101」；7天期通知存款的存期代碼為「107」；3月期定期存款的存期代碼為「203」；6月期定期存款的存期代碼為「206」；1年期定期存款的存期代碼為「301」；2年期定期存款的存期代碼為「302」；3年期定期存款的存期代碼為「303」；5年期定期存款的存期代碼為「305」；8年期定期存款的存期代碼為「308」。

業務操作中憑證號碼必須為8位，密碼為6位。

若某業務要取消密碼功能，請在窗口上找到：印鑒類別，選擇C（無限制）或D（印鑒）。

窗口中若「客戶號」旁邊有兩個輸入框（上下或左右排列），我們稱第一個為「客戶號」，稱第二個為「客戶號重複」。「帳號」「存折號」「存單號」同理。

（六）日常操作流程

對網點來說，專人或指定櫃員把支行的憑證或現金領到庫錢箱中，該項操作的領用必須是全額領用，即支行分配多少必須領用多少。然后每個櫃員進行「現金/憑證出庫」的操作，將自己辦理業務所要使用的現金和憑證從網點庫錢箱領到自己的櫃員錢箱中。強調交易為櫃員領用現金或憑證為櫃員上繳現金或憑證。櫃員與櫃員之間可使用「現金/憑證調配」相互協調使用。只能由調出櫃員做。到銀行辦理開帳戶業務（包括普通業務和卡業務）的客戶都要先開立一個普通或一卡通客戶號。

1. 普通帳戶開戶

客戶拿身分證、憑條來辦理新開帳戶業務，櫃員先進行「開普通客戶」交易，輸入證件類型和號碼后回車。如果系統提示「該證件已開過客戶號」，則記下該客戶號，退出「開普通客戶」交易，直接進入相應的開帳戶交易；如果系統沒有任何提示，說明該證件不曾開立客戶號，那麼櫃員就請客戶重新填寫客戶申請書，然后連同填好的憑條和證件一起交給櫃員，從「開普通客戶」交易開始。

2. 一卡通帳戶開戶

客戶填寫客戶申請書、憑條，連同有效證件一起交給櫃員，從「開一卡通客戶」交易開始。客戶開過客戶號后再辦理開帳戶，就不必填寫開戶申請書了，可以直接辦理業務。

普通客戶號可以開一本通和普通帳戶，一卡通客戶號可以開所有帳戶。原則上一個有效身分證件只能開一個客戶號。開過普通客戶號的有效身分證件可以再開一個一卡通客戶號，但是開過一卡通客戶號的有效身分證件不能再開普通客戶號。如果某新開客戶證件類型和證件號碼與其他客戶相同的情況下，不再開立新客戶，而返回具有相同證件客戶的客戶號。

代理他人申請開立儲蓄帳戶，須驗代理人及儲蓄帳戶申請人的有效身分證件，在開戶申請書上註明「代辦」字樣，並請代理人簽字。

3. 一本通、一卡通的銷戶

一本（卡）通內所有帳戶結清后，客戶還可持此憑證到銀行重新開立帳號，所以原則上不用銷一本通、一卡通憑證，如客戶堅持銷戶，必須將本或卡內所有帳戶銷戶后，進入「個人儲蓄銷一卡通憑證」畫面，銷一卡（本）通憑證。銷戶后，一本通憑證加蓋「結清」章隨傳票交事后監督。一卡通卡片當客戶面在靠磁條的一端中間剪一「V」形缺口（深度應跨過磁條寬度）。註銷后，日終交前臺主管簽收，同時，填寫廢卡回繳清單。按月將銷卡匯總后，於次月上旬送卡部銷毀。

4. 通用規定

（1）客戶當日密碼累計輸錯 5 次，電腦自動對客戶的帳戶進行鎖定，待當日業務終了，機房批處理完畢后，第二日電腦自動對該帳戶作解鎖處理。

（2）可以辦理無折（卡）續存業務，但要給客戶打印商業銀行儲蓄存款回單。在下次辦理業務時通過補登折記錄上筆業務。

（3）定期業務下的強行銷戶指節假日到期的定期存款在節假日之前幾天辦理銷戶的業務應用程序。此時利率按原定期利率，天數按實存天數計算。

第三節　對公業務系統操作概述

（一）對公業務帳號編排體系

1. 客戶號

客戶號第 1 位用數字「4」~「8」表示企業帳號。

客戶號第 2~9 位為順序號。

客戶號第 10 位為校驗位。

帳號：后綴第 1~4 位分段劃分：

（1）區間「0,000」~「4,999」為對客戶負債類。

帳號后綴第 1~2 位為負債類科目代碼的對照碼。

帳號后綴第 3~4 位為科目代碼屬下順序號。

帳號后綴第 5 位為校驗位。

（2）區間「5,000」~「5,999」為對客戶債權類（包括正常貸款、逾期貸款、呆滯貸款、呆帳貸款）。

帳號后綴不體現科目信息。

帳號后綴前 4 位順序編號。

帳號后綴第 5 位用以區分貸款狀態：0 為正常貸款、1 為半年內逾期貸款、2 為半年以上逾期貸款、3 為呆滯貸款、4 為呆帳貸款。

（3）區間「6,000」~「6,999」為表內應收未收利息。
帳號后綴不直接體現科目信息。
帳號后綴順序編號。
帳號后綴第 5 位為校驗位。
（4）區間「7,000」~「7,999」為表外應收未收利息。
帳號后綴不直接體現科目信息。
帳號后綴順序編號。
帳號后綴第 5 位為校驗位。
（5）區間「8,000」~「9,999」暫未使用，留待擴充。

注意，一個客戶號，可以在不同支行、網點開立存款帳戶，帳戶屬於開戶網點不一定屬於開客戶的網點。每個客戶可以在每個對公存款科目下開設 100 個分戶。每個客戶下可以開設 1,000 個貸款分戶。

例如：某 A 商業企業在 01 支行 02 網點開戶（交換號為 8001，網點序號為 3），在 01 支行營業部貸款 100 萬，逾期七個月，欠息 10,000 元。A 企業在銀行系統內部的活期存款帳號為：

4	00001688	9	02	01	7
企業客戶	順序號	校驗位	存款科目代碼	順序號	校驗位

其中，4000016889 為 A 企業在銀行系統內唯一的客戶號，400001688902017 為系統內活期存款帳號。

當 A 企業在 08 支行 01 網點（交換號 8012）又開了一個新的活期存款戶，帳號為 400001688902025。客戶號不變，存款科目代碼不變，改變的是帳戶順序號和帳號校驗位。

A 企業在 01 支行的貸款帳號為 400001688950002。

A 企業在 01 支行的表外應收未收帳號為 400001688970019。

A 企業在 08 支行又貸款 50 萬，貸款帳號為 400001688950010。

2. 內部帳號

內部帳號中的客戶號對應一個網點在某個幣種下的某種業務。

客戶號第 1 位用數字「9」表示內部帳號。

客戶號第 2~5 位為網點號。

客戶號第 6~7 位為貨幣代號。

客戶號第 8~10 位為業務代碼。

帳號后綴第 1~5 位為順序號。

注意，每個業務代碼對應到唯一的科目。採用業務代碼可以防止科目號的變動，

並節省帳號長度。帳號后綴的編號全行統一規定。

例如：9, 0, 2, 0, 1, 1, 0, 8, 4, 9, 0, 0, 0, 0, 3 中「9」表示內部帳號，「0201」表示 0201 網點，第 6~7 位的「10」表示幣種，第 8~10 位「849」是應交憑證費的業務代碼，最后的 5 位「00003」表示工本費的帳號后綴。所以這個內部帳號反應的就是 02 支行 01 網點出售憑證工本費的收入情況。

(二) 對公業務櫃員管理

1. 櫃員編號

櫃員由市行統一管理。櫃員號 5 位，網點櫃員形式為：K##＊＊。其中，「K」表示該櫃員是操作員，「##」(01~39) 為支行號，「＊＊」為支行下櫃員統一編號 (00~99)。例如：K0215 表示 02 支行的第 15 位櫃員。

2. 櫃員密碼及權限管理

(1) 櫃員首次使用系統，必須首先修改自己的櫃員密碼。系統默認密碼都是 888888。

(2) 櫃員要保管好自己的密碼，原則上要求每個月修改一次密碼。

(3) 如因密碼洩露或將密碼交由他人使用而造成的損失或事故由櫃員自己負責。

(4) 櫃員密碼忘記必須由中心機房進行解掛並更新密碼才能再使用。

(5) 櫃員要嚴格按照自己的級別權限進行操作或授權。

(三) 對公業務憑證管理

1. 憑證種類

本系統所涉及的商業銀行憑證種類如表 3-1 所示。

表 3-1　　　　　　　　　　商業銀行憑證種類

現金支票	人行電子聯行補充報單
轉帳支票	省內郵劃借方報單
單位定期存單	省內郵劃貸方報單
單位定期開戶證實書	省內電劃借方報單
內部往來科目報單	省內電劃貸方報單
省轄特約聯行銀行匯票	全國異地通匯郵劃借方報單
全國異地通匯特約匯款證	全國異地通匯郵劃貸方報單
代簽工商銀行匯票	全國異地通匯電劃借方報單
商業承兌匯票	全國異地通匯電劃貸方報單
銀行承兌匯票	

其中，由系統按號碼嚴格管理的有（如表 3-2 所示）：

表 3-2　　　　　　　　　　　銀行憑證號碼

TCKZ	轉帳支票	CCKZ	現金支票
CNFX	單位定期存款開戶證實書	BOTD	匯票委託書
PYCK	商行往來劃款憑證	TEMO	工行電匯
IPYC	工行往來劃款憑證	TUCD	電子聯行電劃貸方報單
PYCK	內部往來科目報單	YHHP	銀行承兌匯票

2. 憑證領用

系統的憑證領用採取從市行到支行、支行到網點的二級分配體系。支行到市行領用憑證時，市行財會部必將憑證的起始號碼輸入中心機房的管理機內，並進行分配操作，將憑證分配到各支行營業部。同樣，支行憑證管理員要做憑證的全額領用並將憑證的起始號碼有計劃的分配到各網點的庫錢箱裡，網點憑證負責人在前臺機器交易界面選擇憑證領用交易把憑證領到庫錢箱，櫃員通過憑證出庫交易領入憑證。只有經過以上的領用及出庫步驟，重要空白憑證才能在前臺使用。

（四）錢箱管理

系統對網點設立庫錢箱和櫃員錢箱。本所錢箱本網點所有櫃員都可使用，一個錢箱可以有多個櫃員使用，一個櫃員可以有多個錢箱。櫃員第一次使用新系統時沒有櫃員錢箱。

具體操作步驟：櫃員登錄，進入「增加櫃員錢箱」界面，輸入相應內容，完成增加錢箱操作；然后櫃員退出系統，重新登錄，輸入用戶註冊名、錢箱號碼、用戶密碼，按回車鍵后進入業務界面。以后櫃員每次登錄時必須輸入錢箱號碼，否則只能做轉帳業務而不能做現金業務。

（五）日常操作流程

開機后，進入登錄界面，輸入櫃員號、錢箱號、密碼（櫃員業務不涉及現金或重要有價空白憑證的收付可以不輸入錢箱號），系統校驗成功后進入主界面。櫃員進入主界面，屏幕右端顯示系統日期、櫃員號、錢箱號。

系統採用菜單結構與交易碼並行的方式。櫃員辦理業務可以從機器主界面到子界面一層層進入，瞭解到每一項業務的主菜單和子菜單。

日終軋帳包括櫃員錢箱軋帳、櫃員軋帳、網點軋帳三項內容。

（1）櫃員錢箱軋帳。打印出櫃員錢箱軋帳單，包括當日該櫃員現金、憑證的領用、上繳、入庫、出庫及余額數。利用錢箱軋帳可以查詢現金及憑證數。該項操作每天可多次使用。

（2）櫃員軋帳。打印出櫃員軋帳單，包括當日該櫃員所做的全部業務，按照科目的借貸方發生額、筆數，分現金轉帳匯總。該項操作每天可多次使用。

（3）網點軋帳。打印出網點軋帳單，反應網點全部業務。該項每天只能操作一次。

注意，櫃員軋帳后不可以再進行業務操作，如果尚有業務需要處理，必須進行櫃員平帳解除，才可以繼續做業務。網點軋帳后不可以再進行本網點的業務操作。如果尚有業務需要處理，必須由市行中心機房解鎖，再做櫃員平帳解除，才可以繼續做業務。網點軋帳必須在所有櫃員均完成櫃員軋帳后才可以操作。

第二部分

銀行櫃員基本技能實訓

　　銀行櫃員一般指在銀行各總分支行櫃臺裡直接跟顧客接觸的銀行員工。一般櫃員的主要職責包括對外辦理存取款、計息業務，包括輸入電腦記帳、打印各類業務憑證、收付現金、辦理營業用現金及重要憑證的領解和保管、登記櫃員現金登記簿、掌管本櫃臺各種業務用章和個人名章，以及辦理櫃臺軋帳等。在櫃員進行上述職能的操作過程中，要求其所具備的最基本的技能便是規範填寫技能與現金操作技能。因此，本部分主要從數字與日期的書寫、紙幣真偽的鑑別、點鈔及捆扎技術三方面對學生進行銀行櫃員基本技能的指導與實訓。

第四章 數字與日期的書寫

銀行、單位和個人填寫的各種票據和結算憑證是辦理支付結算和現金收付的重要依據，直接關係到支付結算的準確、及時和安全。票據和結算憑證是銀行、單位和個人憑以記載帳務的會計憑證，是記載經濟業務和明確經濟責任的一種書面證明，根據中國的《支付結算辦法》的要求：填寫票據和結算憑證，必須做到標準化、規範化，要要素齊全、數字正確、字跡清晰、不錯漏、不潦草，防止塗改。

本模塊的實驗內容主要涉及中文大寫日期數字與大寫金額的書寫，阿拉伯數字的書寫及其數字書寫錯誤的訂正四大部分。目的在於讓學生掌握正確的票據與結算憑證的書寫方式，糾正不良的書寫習慣。

第一節 中文大寫日期數字的書寫實訓

(一) 實訓目的

(1) 通過實訓使學生熟練掌握中文大寫日期數字的書寫規範。
(2) 掌握填寫出票日期的用法。
(3) 理解在中文大寫日期數字中可能出現的差錯。

(二) 實訓內容

1. 填寫出票日期

(1) 票據的出票日期必須使用中文大寫。為防止變造票據的出票日期，在填寫月、日時，月為壹、貳和壹拾的，日為壹至玖和壹拾、貳拾和叁拾的，應在其前加「零」。

(2) 日為拾壹至拾玖的，應在其前加「壹」字。如1月15日，應寫成「零壹月壹拾伍日」。再如10月20日，應寫成「零壹拾月零貳拾日」，如圖4-1所示。

1月15日	零壹月壹拾伍日
10月20日	零壹拾月零貳拾日

圖 4-1　示例圖

（3）票據中的存根聯日期填寫可以不必大寫，如圖 4-2 所示。

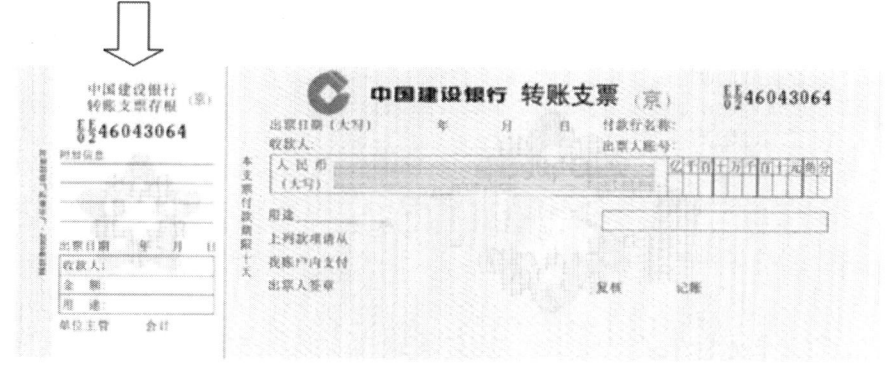

圖 4-2　存根聯

2. 填寫注意事項

票據出票日期使用小寫填寫的，銀行不予受理。大寫日期未按要求規範填寫的，銀行可予受理，但由此造成損失的，由出票人自行承擔。結算憑證上的日期可以使用小寫填寫。

（三）中文大寫日期數字的書寫練習

將下列數據轉換為大寫數字：
2009. 1. 1 ＿＿＿＿＿＿＿＿＿＿＿＿＿＿＿＿
2010. 10. 18 ＿＿＿＿＿＿＿＿＿＿＿＿＿＿＿＿
2011. 2. 20 ＿＿＿＿＿＿＿＿＿＿＿＿＿＿＿＿

第二節　中文大寫金額數字的書寫實訓

（一）實訓目的

（1）掌握中文大寫數字的規範書寫。
（2）掌握「整（正）」字的用法。
（3）掌握「人民幣」詞組的用法。

（4）掌握關於「零」的書寫用法。
（5）掌握表示數位的文字的用法。

（二）實訓內容

用中文大寫數字表示的金額數字，簡稱大寫金額。中文大寫金額數字，通常是用正楷或行書字體書寫，主要用於發票、支票、匯票、存單等各種重要憑證的書寫，為了易於辨認、防止塗改。

1. 規範書寫

中文大寫金額數字應用正楷或行書填寫，如壹、貳、叁、肆、伍、陸、柒、捌、玖、拾、佰、仟、萬、億、元、角、分、零、整（正）等字樣。不得用中文小寫，如一、二（兩）、三、四、五、六、七、八、九、十、廿、毛、另（或0）填寫。不得自造簡化字，如圖4-3所示。

| 廿 | 卅 | 毛 | 另 | × |

| 貳拾 | 叁拾 | 角 | 零 | √ |

圖4-3　中文大寫金額數字

2.「整（正）」字的用法

（1）中文大寫金額數字到「元」為止的，在「元」之後，應寫「整」（或「正」）字；中文大寫金額數字到「角」為止的，在「角」之後，應寫「整」（或「正」）字；大寫金額數字有「分」的，「分」后面不寫「整」（或「正」）字，如圖4-4所示。

| 人民幣伍佰捌拾叁元整 | 人民幣伍佰捌拾叁元六角整 |

圖4-4　「整」字的示例

（2）中文大寫金額到「分」為止，「分」可以不寫「整」或「正」。如圖4-5所示。

| 人民幣伍佰捌拾叁元陸角伍分 |

圖4-5　「分」字的示例

3.「人民幣」的使用

（1）中文大寫金額數字前應標明「人民幣」等字樣，且其與首個金額數字之間不留空白，數字之間更不能留空白，寫數與讀數順序要求一致，如圖4-6所示。

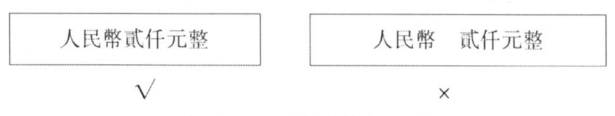

| 人民幣貳仟元整 | 人民幣　貳仟元整 |
| √ | × |

圖4-6　「人民幣」字樣

（2）如果未印貨幣名稱（一般是「人民幣」），應當加填貨幣名稱。

4. 關於「零」的書寫

（1）小寫金額數字尾部是「0」，中文大寫金額數字不需用「零」表示，用「整」結尾，如圖 4-7 所示。

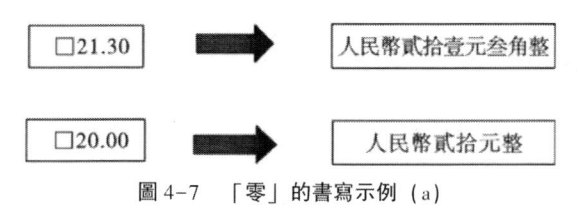

□21.30 ➡ 人民幣貳拾壹元叁角整

□20.00 ➡ 人民幣貳拾元整

圖 4-7　「零」的書寫示例（a）

（2）小寫金額數字中間有一個「0」時，中文大寫金額數字中間要寫一個「零」字，如圖 4-8 所示。

□211.03 ➡ 人民幣貳佰壹拾壹元零叁分

圖 4-8　「零」的書寫示例（b）

（3）小寫金額數字中間連續有幾個「0」時，中文大寫金額數字的中間就可以只需要寫一個「零」字，如圖 4-9 所示。

□2000.03 ➡ 人民幣貳萬元零叁分

圖 4-9　「零」的書寫示例（c）

（4）小寫金額數字元位是「0」，角位不是「0」時，中文大寫金額數字可以只寫一個「零」字，也可以不寫「零」字，如圖 4-10 所示。

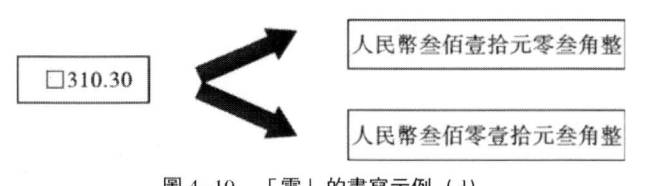

□310.30 ➡ 人民幣叁佰壹拾元零叁角整
　　　　 ➡ 人民幣叁佰零壹拾元叁角整

圖 4-10　「零」的書寫示例（d）

5. 數位文字的書寫

表示數位的文字（拾、佰、仟、萬、億）前必須有數字，如圖 4-11 所示。

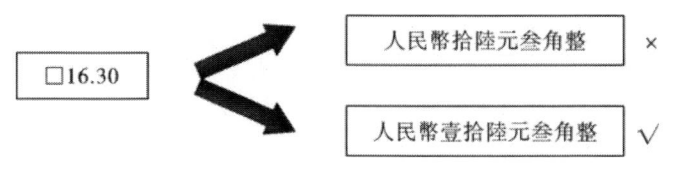

□16.30 ➡ 人民幣拾陸元叁角整　×
　　　 ➡ 人民幣壹拾陸元叁角整　√

圖 4-11　數位文字的書寫示例

(三) 中文大寫金額數字的書寫練習

(1) 把以下小寫數字金額，轉換成中文大寫數字金額。

¥1,234,567.02 _____

¥1,230,007.02 _____

¥190,000.08 _____

¥6,170.04 _____

¥56,889,101.10 _____

(2) 判斷下列書寫錯誤並且修改。

小寫金額	大寫金額		
	錯誤寫法	錯誤原因	正確寫法
¥800.00	人民幣捌佰元		
¥16,002.00	人民幣壹萬陸仟另貳元整		
¥19.08	人民幣拾玖元捌分		
¥6,170.40	人民幣陸仟壹佰柒拾元肆角零分		
¥5,370.40	人民幣伍仟叁佰柒拾零元肆角整		
¥6,170.40	人民幣　陸仟壹佰柒拾元肆角整		

(3) 分別用楷體和行楷練習中文大寫數字的書寫。

零	零
壹	壹
貳	貳
叁	叁
肆	肆
伍	伍
陸	陸
柒	柒
捌	捌
玖	玖
拾	拾
佰	佰
仟	仟

萬		萬	
億		億	
元		元	
角		角	
分		分	
整		整	

第三節　阿拉伯數字的書寫實訓

(一) 實訓目的

(1) 掌握阿拉伯數字的正確書寫方法。
(2) 掌握印有數位線（金額線）的阿拉伯數字書寫。
(3) 理解並合理運用貨幣幣種符號。

(二) 實訓內容

1. 傾斜書寫

數碼字筆畫簡單，筆勢缺少變化，一般不要求像文字那樣端正書寫，否則，字形會顯得生硬呆板。書寫時一般要求數碼字上端向右傾斜，以 60° 左右的水平傾斜角為宜。一組數碼字的書寫，應保持各個數碼字的傾斜度一致，自然美觀，如圖 4-12 所示。

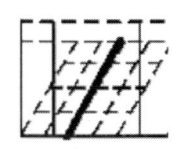

圖 4-12　傾斜書寫

2. 字位適當

(1) 高度適當。

數碼字高度一般要求占全格的 1/2 為宜，最多不要超過 2/3。過大可能會產生數碼字交叉模糊，過小可能會因不清晰而影響閱讀，如圖 4-13 所示。

數碼字的書寫要緊貼格子底線，不應懸在格子的中間，除 6、7、9 外，其他數碼

字應高低一致。6的上端可以比其他數碼字高出1/4，7和9的下端可以比其他數碼字伸出1/4，但不得超過1/3。0和8書寫時候不要留有缺口。如圖4-14所示。

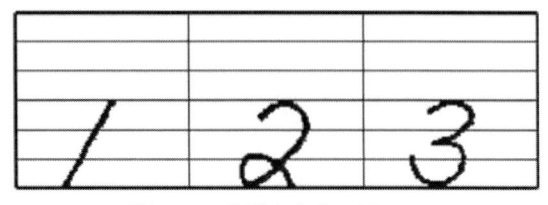

圖4-13　數碼字書寫示例（a）

圖4-14　數碼字書寫示例（b）

（2）左右位置適當。

要求每個數字的中部大體位於格距的1/2的兩條對角線交點上，不宜過於靠左或者靠右，如圖4-15所示。

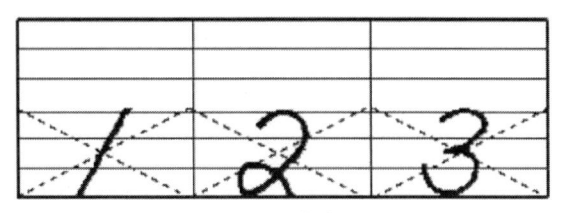

圖4-15　數碼字書寫示例（c）

（3）間距適當。

每個數碼字要大小一致，排列應保持相等距離，上下左右要對齊。在印有數位線（或稱金額線）的憑證、帳簿、報表上，每一格只寫一個數碼字，不得幾個數碼字擠在一個格子裡，也不得在數碼字中間留有空格。如果沒有數位線，則數碼字的整數部分，可以從小數點向左按「三位一節」用撇節號「，」（或稱千分撇、分位點）分開，以便於讀數、分清大小和匯總計算。

3. 小數及分位的書寫

一般要求阿拉伯數字金額書寫到分位為止，元位以下保留角、分兩位小數，對分以下的厘、毫、絲、息採用四捨五入的方法。但少數情況下，如計算百分率、折舊率、加權平均單價、單位成本及分配率等，也可以採用多位小數，以達到計算比較準確的目的。

4. 印有數位線（金額線）的阿拉伯數字書寫

（1）一般來說，憑證和帳簿已印好數位線，必須逐格順序書寫，「角」「分」欄金額齊全。如果「角」「分」欄無金額，應該以「0」補位，也可在格子的中間劃一短橫線代替。

如果金額有角無分，則應在分位上補寫「0」，不能用「—」代替，如圖 4-16 所示。

\multicolumn{7}{c	}{錯誤書寫}
\multicolumn{7}{c	}{收入金額}
十	万	千	百	十	元	角	分
		3	6	7	8		
				5	7	1	
				5	7	1	—

\multicolumn{7}{c	}{正確書寫}
\multicolumn{7}{c	}{收入金額}
十	万	千	百	十	元	角	分
		3	6	7	8	0	0
		3	6	7	8	—	
				5	7	1	0

圖 4-16　阿拉伯數字書寫示例（a）

（2）沒有數位線（金額線）的數碼字書寫。

如果沒有角分，仍應在元位后的小數點「.」后補寫「00」或劃一短斜橫線，如圖 4-17 所示。

¥95367.00　　¥95367.—

圖 4-17　阿拉伯數字書寫示例（b）

如果金額有角無分，則應在分位上補寫「0」，如圖 4-18 所示。

¥95367.30　　¥95367.3　　¥95367.3-
　　√　　　　　　×　　　　　　×

圖 4-18　阿拉伯數字書寫示例（c）

5. 合理運用貨幣幣種符號

凡阿拉伯數字前寫有幣種符號的，數字后面不再寫貨幣單位。印有「人民幣」三個字不可再寫「¥」符號，但在金額末尾應加寫「元」字，如圖 4-19 所示。

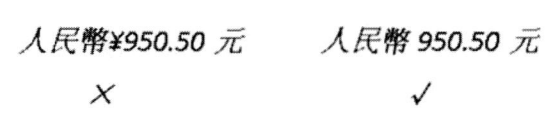

人民幣¥950.50 元　　人民幣 950.50 元
　　×　　　　　　　　　√

圖 4-19　幣種符號書寫示例

（三）阿拉伯數字書寫練習

1. 對照下列數字練習沒有數位線的小寫金額的書寫

￥923,637.94	￥58,219.07	￥8,306.92	￥69,218.00	￥6,835.47	￥35,284.90

2. 將下列中文大寫數字寫成阿拉伯數字
（1）人民幣貳拾柒元伍角肆分　　　　　　　　應寫成＿＿＿＿＿＿＿
（2）人民幣伍仟貳佰萬零陸仟玖佰柒拾捌元整　　應寫成＿＿＿＿＿＿＿
（3）人民幣叁仟萬零貳拾元整　　　　　　　　　應寫成＿＿＿＿＿＿＿
（4）人民幣壹拾玖萬零貳拾叁元整　　　　　　　應寫成＿＿＿＿＿＿＿
（5）人民幣玖角捌分　　　　　　　　　　　　　應寫成＿＿＿＿＿＿＿
（6）人民幣柒萬肆仟伍佰零貳元捌角陸分　　　　應寫成＿＿＿＿＿＿＿
（7）人民幣玖仟叁佰元零伍角整　　　　　　　　應寫成＿＿＿＿＿＿＿
（8）人民幣貳拾肆萬零捌佰零壹元零玖分　　　　應寫成＿＿＿＿＿＿＿
（9）人民幣壹拾萬元整　　　　　　　　　　　　應寫成＿＿＿＿＿＿＿
（10）人民幣陸佰萬元零柒分　　　　　　　　　 應寫成＿＿＿＿＿＿＿

第四節　數字書寫錯誤的糾正實訓

（一）實訓目的

（1）理解數字書寫錯誤糾正的必要性。
（2）掌握原始憑證數碼金額書寫錯誤訂正方法。
（3）掌握記帳憑證數碼字書寫錯誤訂正。

(二) 實訓內容

會計資料審核后，發現數碼字書寫錯誤時，切忌刮擦（也不可用膠帶貼住）、挖補、塗改，或使用褪色藥劑和塗改液，而是應該按照規定的方法進行訂正。

1. 阿拉伯數字書寫錯誤的更正

阿拉伯數字書寫錯誤時應該採用劃線更正法去糾正錯誤。劃線更正法是指在包含錯誤數字的全部數字正中間劃一條紅線，表示註銷，然后再將正確的數字寫在被註銷數字的上方，並由更改人員在更正處加蓋經手人私章，以示負責，如圖 4-20 所示。

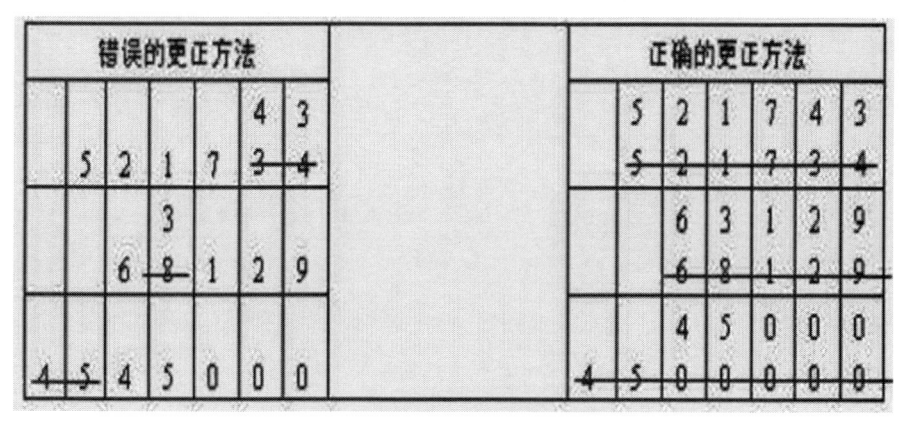

圖 4-20　阿拉伯數字書寫錯誤的更正

2. 原始憑證數碼金額書寫錯誤訂正方法

（1）審核原始憑證時，發現數碼金額書寫出現錯誤時，根據有關規定，不得更改，只能由原始憑證開出單位重開。

（2）沒有編號的零散作廢憑證，應立即銷毀廢棄。

（3）印有編號的作廢憑證，應蓋有作廢印記后保存，或將其各聯號留下，粘入其下一號的各相應聯上借以向有關部門說明此號作廢，以便查改。

3. 記帳憑證數碼字書寫錯誤訂正

（1）記帳憑證數碼字書寫出現錯誤時如果沒有登記入帳，一般應當重新填寫。

（2）如果會計科目沒有錯誤，只是金額錯誤，除了採用重新填寫這種方法之外，也可採用劃線訂正法，即先用紅筆在錯誤的全部數字中間劃一橫線，然後重新在錯誤數字的正上方書寫全部正確的數碼字，並且由經辦人員在更正的數字后加蓋名章，以示負責。

第五章 紙幣真偽的鑑別

假幣的流通破壞了市場秩序，直接影響了國家和人民的根本利益，而且平常普通百姓缺少辨別貨幣的意識和能力，對其加強辨別意識和能力尤為重要。

本模塊的實驗內容主要涉及人民幣真偽與外幣真偽的鑑別兩大部分。目的在於讓學生掌握正確的票據與結算憑證的書寫方式，糾正不良的書寫習慣。

第一節 人民幣真偽的鑑別實訓

（一）實訓目的

（1）理解掌握人民幣紙幣真偽鑑別的幾種方法。
（2）瞭解硬幣的真偽鑑別方法。
（3）掌握2015年新版100元人民幣和舊版的區別，學會辨識新版的真假。

（二）實訓內容

1. 人民幣紙幣真偽的鑑別

對於人民幣各類面值的紙幣鑑別，通常採用「一看、二摸、三聽、四測」的方法：
（1）看。
①看水印（以第五套人民幣為例）。

第五套人民幣各券別紙幣的固定水印位於各券別紙幣票面正面左側的空白處，迎光透視，可以看到立體感很強的水印。100元、50元紙幣的固定水印為毛澤東頭像圖案。20元、10元、5元紙幣的固定水印為花卉圖案。

100元和50元人像水印，如圖5-1所示。

圖 5-1　人像水印

20 元花卉水印，如圖 5-2 所示。

圖 5-2　20 元花卉水印

10 元花卉水印，如圖 5-3 所示。

圖 5-3　10 元花卉水印

5元花卉水印，如圖5-4所示。

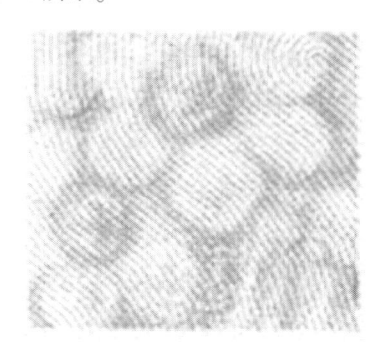

圖5-4　5元花卉水印

②看安全線（以第五套人民幣為例）。

第五套人民幣紙幣在各券別票面正面中間偏左，均有一條安全線。100元、50元紙幣的安全線，迎光透視，分別可以看到縮微文字「RMB100」「RMB50」的微小文字，儀器檢測均有磁性；20元紙幣的安全線，迎光透視，是一條明暗相間的安全線；10元、5元紙幣的安全線為全息磁性開窗式安全線，即安全線局部埋入紙張中，局部裸露在紙面上，開窗部分分別可以看到由微縮字符「￥10」「￥5」組成的全息圖案，儀器檢測有磁性，如圖5-5所示。

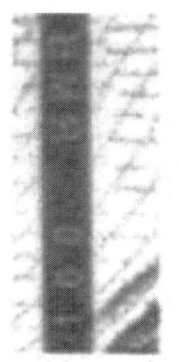

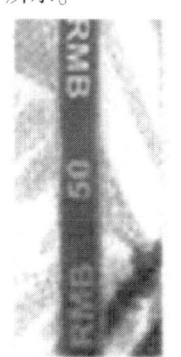

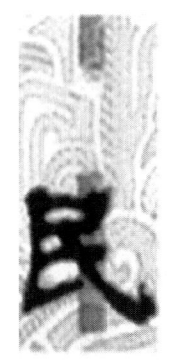

圖5-5　安全線

③看光變油墨。

第五套人民幣100元券和50元券正面左下方的面額數字採用光變墨印刷。將垂直觀察的票面傾斜到一定角度時，100元券的面額數字會由綠變為藍色；50元券的面額數字則會由金色變為綠色，如圖5-6所示。

圖 5-6　光變油墨

④看票面圖案是否清晰，色彩是否鮮豔，對接圖案是否可以對接上。

第五套人民幣紙幣的陰陽互補對印圖案應用於 100 元、50 元和 10 元券中。這三種券別的正面左下方和背面右下方都印有一個圓形局部圖案。迎光透視，兩幅圖案準確對接，組合成一個完整的古錢幣圖案。如圖 5-7 所示。

圖 5-7　對接圖案

⑤用 5 倍以上放大鏡觀察票面，看圖案線條、縮微文字是否清晰乾淨。

第五套人民幣紙幣各券別正面膠印圖案中，多處均印有微縮文字，20 元紙幣背面也有該防偽措施，如圖 5-8 和圖 5-9 所示。

100 元微縮文字為「RMB」和「RMB100」；50 元為「50」和「RMB50」；20 元為「RMB20」；10 元為「RMB10」；5 元為「RMB5」和「5」字樣。

圖 5-8　防偽標誌（a）　　　　　　　　圖 5-9　防偽標誌（b）

（2）摸。

①摸人像、盲文點、中國人民銀行行名等處是否有凹凸感。

第五套人民幣紙幣各券別正面主景均為毛澤東頭像，採用手工雕刻凹版印刷工藝，形象逼真、傳神，凹凸感強，易於識別，如圖 5-10 與圖 5-11 所示。

圖 5-10　毛澤東頭像　　　　　　圖 5-11　中國人民銀行行名

②摸紙幣是否薄厚適中，挺括度好。

（3）聽。

通過抖動鈔票使其發出聲響，根據聲音來分辨人民幣真偽。人民幣的紙張，具有挺括、耐折、不易撕裂的特點。手持鈔票用力抖動、手指輕彈或兩手一張一弛輕輕對稱拉動，能聽到清脆響亮的聲音。

（4）測。

借助一些簡單的工具和專用的儀器來分辨人民幣真偽。

①用放大鏡可以觀察票面線條清晰度、膠印、凹印縮微文字等。

②用紫外燈光照射票面，可以觀察鈔票紙張和油墨的熒光反應。

③用磁性檢測儀可以檢測黑色橫號碼的磁性，如圖 5-12、圖 5-13、圖 5-14 和圖 5-15 所示。

圖 5-12　100 元人民幣正面

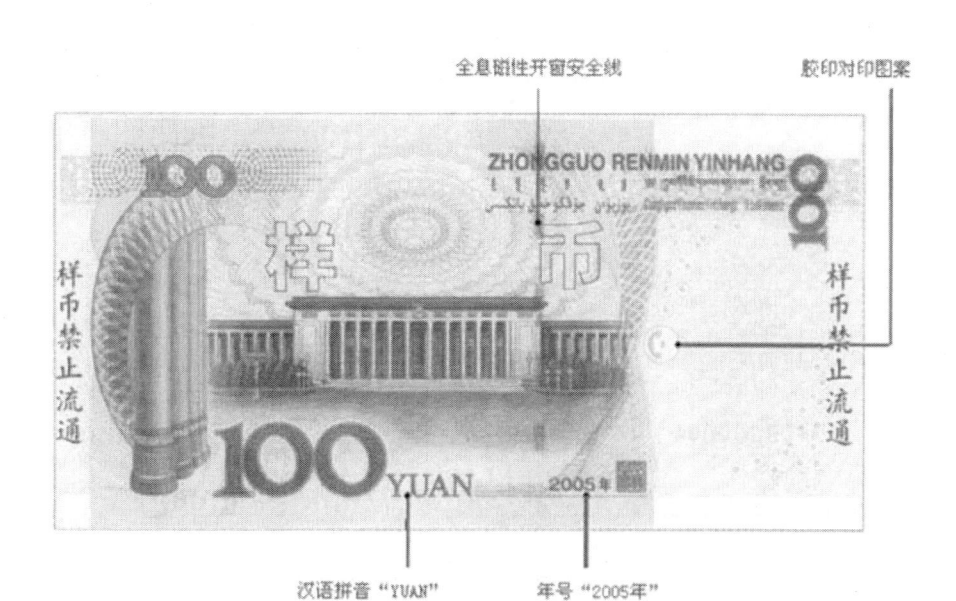

圖 5-13　100 元人民幣背面

圖 5-14　50 元人民幣正面

圖 5-15　50 元人民幣背面

2. 硬幣的真偽鑑別

（1）首先要看是否生鏽，真幣因為採用的鋼質特殊，且鍍層牢固，不易生鏽，而假幣鍍層易脫落，極易生鏽。

（2）再看假幣的圖案清晰與否，真幣的花瓣及葉脈非常清晰，而假幣則模糊不清。

（3）接下來要摸，真幣的邊緣整齊而且厚度均勻，但假幣則邊緣粗糙並且厚度不均勻。

3. 2015 年版第五套人民幣 100 元紙幣真偽鑑別

中國人民銀行於 2015 年 11 月 12 日起開始了 2015 年版第五套人民幣 100 元紙幣的發行。新版 100 元紙幣在保持 2005 年版第五套人民幣 100 元紙幣規格、正背面主圖案、主色調、「中國人民銀行」行名、國徽、盲文和漢語拼音行名、民族文字等不變的前提下，對部分圖案做了適當調整。同時增加了防偽性能較高的光彩光變數字、光變鏤空開窗安全線、磁性全埋安全線等防偽特徵，防偽技術更先進，佈局更合理，對整體防偽性能進行了提升。

（1）2005 年版 100 元紙幣與 2015 年版 100 元紙幣的對比如圖 5-16 至圖 5-19 所示。

正面的區別：

①取消了票面右側的凹印手感線、隱形面額數字和左下角的光變油墨面額數字。

②票面中部增加了光彩光變數字，票面右側增加了光變鏤空開窗安全線和豎號碼。

③票面右上角面額數字由橫排改為豎排，並對數字樣式做了調整；中央團花圖案中心花卉色彩由橘紅色調整為紫色，取消花卉外淡藍色花環，並對團花圖案、接線形式做了調整；膠印對印圖案由古錢幣圖案改為面額數字「100」，並由票面左側中間位

置調整至左下角。如圖 5-16、圖 5-17 所示。

圖 5-16　2005 年版 100 元紙幣正面

圖 5-17　2015 年版 100 元紙幣正面

背面的區別：
①取消了全息磁性開窗安全線和右下角的防複印標記。
②減少了票面左右兩側邊部膠印圖紋，適當留白；膠印對印圖案由古錢幣圖案改為面額數字「100」，並由票面右側中間位置調整至右下角；面額數字「100」上半部顏色由深紫色調整為淺紫色，下半部由大紅色調整為桔紅色，並對線紋結構進行了調整；票面局部裝飾圖案色彩由藍、紅相間調整為紫、紅相間；左上角、右上角面額數字樣式均做了調整。

③年號調整為「2015 年」。如圖 5-18、圖 5-19 所示。

圖 5-18　2005 年版 100 元紙幣背面

圖 5-19　2015 年版 100 元紙幣背面

(2) 防偽技術的變化，如圖 5-20、圖 5-21 所示。
①光變鏤空開窗線安全線。位於票面正面右側，垂直正觀察，安全色呈品紅色；與票面呈一定角度觀察，安全色呈綠色；透光觀察，可見安全色中正反交替排列的鏤空文字「￥100」。
②光彩光變數字。位於票面正面中部，垂直票面觀察，數字以金色為主，平視觀察，數字以綠色為主。隨著觀察角度的改變，數字顏色在金色和綠色之間交替變化，並可見到一條亮光帶上下滾動。
③人像水印。位於票面正面左側空白處，透光觀察，可見毛澤東頭像。
④膠印對印圖案。票面正面左下方和背面右下方均有面額數字「100」的局部圖

圖 5-20　仿偽技術（a）

圖 5-21　仿偽技術（b）

案。透光觀察，正背面圖案組成一個完整的面額數字「100」。

⑤橫豎雙號碼。票面正面左下方採用橫號碼，其冠字和前兩位數字為暗紅色，后六位數字為黑色；右側豎號碼為藍色。

⑥白水印。位於票面正面橫號碼下方。透光觀察，可以看到透光性很強的水印面額數字「100」。

⑦雕刻凹印。票面正面毛澤東頭像、國徽、「中國人民銀行」行名、右上角面額數字、盲文及背面人民大會堂等均採用雕刻凹印印刷，用手指觸摸有明顯的凹凸感。

（三）個人的人民幣真偽鑑別練習

請各位同學分別利用手中各種面值的紙幣對照，理解掌握鑑別人民幣的各項注意內容。

第二節　外幣鑑別技巧實訓

（一）實訓目的

(1) 熟悉美元紙幣的各種面值，掌握美元紙幣的鑑別技巧。
(2) 熟悉歐元紙幣的各種面值，掌握美元紙幣的鑑別技巧。
(3) 熟悉日元紙幣的各種面值，掌握美元紙幣的鑑別技巧。

（二）實訓內容

從目前來看，中國境內各商業銀行掛牌收兌的外幣主要有16種，分別為：美元、英鎊、歐元、日元、港幣、澳門元、瑞士法郎、瑞典克朗、丹麥克朗、挪威克朗、加拿大元、新加坡元、澳大利亞元、新西蘭元、菲律賓比索、泰國銖。由於外幣種類較多，本教材只重點介紹美元、歐元、港幣和日元這4種最常見外幣的防偽知識。

1. 美元

美元是國際印鈔界公認的設計特徵變化最少的鈔票之一。雖經多次改版，但不同版別的鈔票變化並不大，只是防偽功能得到了不斷加強。美元票面尺寸不論面額和版別均為156毫米。正面主景圖案為人物頭像，主色調為黑色。背面的主景圖案為建築，主色調為綠色，但不同版別的顏色略有差異，如1934年版背面為深綠色，1950年版背面為草綠色，1963年版以後各版背面均為墨綠色。

美元主要鑑別方法：

(1) 手感鑑別。真美元四角面額數字用手撫摸，有明顯凹凸感。假美元手摸印跡線無凹凸。

(2) 針挑鑑別。真美元票面的空白處，含有一引起細小的紅、藍纖維絲，用針尖可將其挑出。假美元無紅藍纖維絲，僅在表面印有不能與紙分離的仿製纖維絲，雖也能用針挑出，但假纖維絲的材質不同，在紫光燈下檢查，無熒光反應。

(3) 擦拭鑑別。真美元其票右側的綠色徽記和號碼，在白紙上用力擦后，紙上會留下鮮明的綠色印跡。假美元擦后，雖有痕跡，但不明顯。

(4) 質感鑑別。真美元用的是以棉、麻纖維為原料製成的一種印製鈔票專用紙，質地堅韌挺拔，用手輕輕一彈，可發出啪啪聲響，而假美元則無任何聲響。

（5）色澤鑑別。真美元的正面人物、圖像、文字、花邊等用含有磁性物質烏黑色油墨印製，鮮豔奪目。假美元用劣質油墨印製，其色澤與真美元相比反差較大。

（6）人物肖像鑑別。真美元人物肖像眼神炯炯有神，而假美元人物肖像眼神呆滯，其人物線條模糊不清。

美國發行的新版鈔票比舊版鈔票加入了多項先進的防偽功能，如圖 5-22、圖 5-23、圖 5-24 所示。

圖 5-22　新版美鈔（a）

圖 5-23　新版美鈔（b）

圖 5-24　新版美鈔（c）

2. 歐元

歐元是 2002 年 1 月 1 日開始發行的，在歐元區 12 個成員國：比利時、德國、希臘、西班牙、法國、愛爾蘭、義大利、芬蘭、葡萄牙、奧地利、荷蘭、盧森堡成為唯一的法定貨幣。歐元共有 7 種券別的紙幣和 8 種券別的硬幣。7 種不同券別的紙幣採用了不同顏色的主色調，規格也隨面值的增大而增大。其特徵包括：用拉丁文和希臘文標明的貨幣名稱；用 5 種不同語言文字的縮寫形式註明的「歐洲中央銀行」的名稱；版權保護標示符號；歐洲中央銀行行長簽名；歐盟旗幟。

歐元主要鑑別方法：

（1）看。通過迎光透視，主要觀察水印、安全線和對印圖案。其次晃動觀察，主要觀察全息標示。5 歐元、10 歐元、20 歐元背面珠光油墨印刷條狀標記和 50 歐元、100 歐元、200 歐元、500 歐元背面右下角的光變油墨面額數字。

（2）摸。歐元紙幣紙張薄、挺度好，摸起來不滑、密實，在水印部位可以感到有厚薄變化。同時摸凹印圖案，歐元紙幣正面的面額數字、門窗圖案、歐洲中央銀行縮寫及 200 歐元、500 歐元的盲文標記均是採用雕刻凹版印刷的，摸起來有明顯的凹凸感。

（3）用手抖動紙幣，真鈔會發出清脆的響聲。

（4）用紫外燈和放大鏡等儀器檢測歐元紙幣的專業防偽特徵。在紫外光下，歐元紙張無熒光反應，同時可以看到紙張中有紅、藍、綠三色無色熒光纖維；歐盟旗幟和

歐洲中央銀行行長簽名的藍色油墨變為綠色；12 顆由黃色變為橙色；背面的地圖和橋樑則全變為黃色。

　　歐元紙幣正對面均印有縮微文字，在放大鏡下觀察，真幣上的縮微文字線條飽滿且清晰，如圖 5-25 所示。

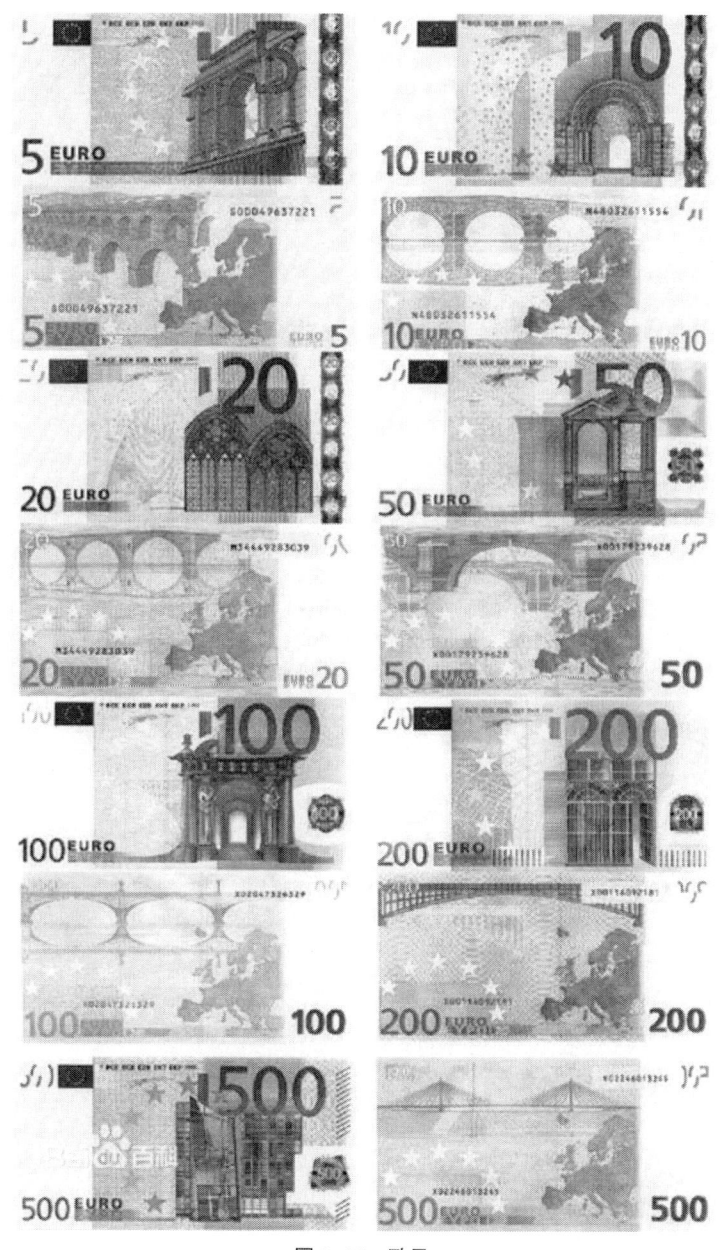

圖 5-25　歐元

3. 日元

日本鈔票正面文字全部使用漢字（由左至右順序排列），上方均印有「日本銀行券」字樣。背面則有用拉丁文拼音的行名「NIPPON CINKO」（日本銀行）、貨幣單位名稱「YEN」（圓）字樣。各種鈔票均無發行日期，發行單位負責人是使用印章的形式，即票面印有紅色「總裁之印」和「發券局長」圖章各一個。為方便盲人，都設有盲文標記和日本銀行標誌。

日元主要鑑別方法：

（1）看。真鈔紙張為淡黃色，水印是黑白水印，層次清楚；盲人標記類似水印，迎光透視清晰，手感明顯。假鈔往往顏色比真鈔略黃，用白色漿料塗布在張紙夾層內，迎光透視較模糊，不如真鈔水印清晰，沒有盲人標記或很不清楚，也沒有凸感。真鈔1993年版正背面均增加了縮微印刷文字，在放大鏡下清晰可見。

（2）摸。真鈔正面凹印的人像套印在淺色底紋線上，人像清楚自然。假鈔人像是平版印刷，底紋線條不清楚，油墨濃淡也不均勻，手摸光滑。真鈔大寫面額數字筆畫系細砂紋構成，手感凸起。假鈔紙張由兩張薄紙粘合而成、手感稍厚。

（3）測。日元鈔票正背面凹印部位的油墨帶有磁性。印刷油墨是採用防複印油墨。1993年版正面「總裁之印」印章改以熒光油墨印刷，在紫外燈下印章會發亮，如圖5-26所示。

圖 5-26 日元

第六章 點鈔及捆扎技術

商業銀行櫃面業務最經常、大量的一部分工作就是從事現金的收入、付出和整點。因此，點鈔及其鈔票的捆扎工作成為櫃面經辦人員工作的主要部分。完整的點鈔流程包括了從拆把開始到扎把結束的一個連續的過程，要加快點鈔速度，提高點鈔水平，必須把拆把、手工清點、機器清點、墩齊、扎把、蓋章、計算總金額等相關環節都做好。點鈔速度的快慢、點鈔水平的高低、點鈔質量的好壞都直接關係到資金週轉和貨幣流通速度，以及商業銀行工作效率。學好點鈔和鈔票的捆扎技術是完成好櫃面工作的基礎，也是櫃員的基本業務素質之一。櫃員要刻苦訓練，掌握一手過硬的點鈔與捆扎技術，以便更好地適應金融市場對於人才的需要，全面勝任櫃面工作。

第一節 手工點鈔的常用方法實訓

（一）實訓目的

（1）掌握手工點鈔的各項基本要領。
（2）瞭解手按式點鈔方法及其特點。
（3）理解手持式點鈔的四種方法特點。
（4）掌握單指單張、單指多張、多指多張、扇面式點鈔方法的操作技巧。

（二）實訓內容

1. 手工點鈔的基本要領

手工點鈔包括整點紙幣和清點硬幣。點鈔方法是相當多的，概括而言，可以劃分為手工點鈔和機器點鈔兩大類。學習手工點鈔，首先要掌握基本要領，基本要領掌握得好，可以達到事半功倍的效果。

（1）坐姿端正。

點鈔員的坐姿應體現出飽滿的精神狀態、積極熱情的工作要求。坐姿端正會使點鈔技術得以充分發揮和提高。正確的坐姿應該是直腰挺胸，雙腳平放地面，全身肌肉放鬆，

兩小臂置於桌面邊緣，左手腕部緊貼桌面，右手微微抬起，手指活動自如，輕鬆持久。

(2) 用品定位。

用品包括鈔幣、簿冊、筆、沾水缸、甘油、捆鈔條、印泥、名章、計算器等，按使用順序固定位置放好，以便點鈔時使用順手。

(3) 清理整齊。

清點鈔票前，首先應整理鈔票，要求邊角無折、同券一起、券面向上。由於企業或銀行收進的鈔票中可能會有破損、彎折，所以在清點鈔票之前，要將某些破裂、質軟和不符合要求的鈔票挑揀出來，對彎折、折角、揉搓過的鈔票要整直、抹平。這樣處理之後，每張鈔票都清理得整齊、平直了，不同面額的鈔票要分開放置，鈔票的正面一律向上。再將 100 張同面額的鈔票扎成一把；不同面額的鈔票要分開放置，對於不足面張的同面額鈔票，應以 10 張為單位起「疊」，每 10 張為「一疊」，即用 1 張鈔票攔腰包住其余 9 張鈔票。對於成「疊」的鈔票，應用紙條捆扎好並將實際金額寫在紙條上；對於不成疊的各券別零散張數，應用另一紙條捆扎好，並將實際金額寫在紙條上。整齊、平直的鈔票有利於點鈔的正確性，這是手工點準鈔票的前提。

(4) 指法規範。

指法規範既可提高清點的準確率，又可提高清點速度。

(5) 清點準確。

點鈔是一項心手合一，手、眼、腦高度配合，協調一致的嚴謹性工作。清點準確是點鈔的關鍵，也是點鈔最重要的環節，是對點鈔技術的基本要求。為保證清點的準確性，就需要在點數前做好思想準備、款項準備和工具準備，清點時要求做到：

①精神集中、全神貫註。

②堅持定型操作，機器復核，去偽存真、剔除殘幣。

③雙手點鈔，眼睛看鈔，腦子記數，手眼腦高度配合。

2. 手按式點鈔法

對於手工點鈔，根據持票姿勢不同，又可劃分為手按式點鈔方法和手持式點鈔方法。手按式點鈔方法是將鈔券安放在桌面上進行清點的點鈔方法，缺點是點鈔速度不夠快。

(1) 三指清點，如圖 6-1 所示。

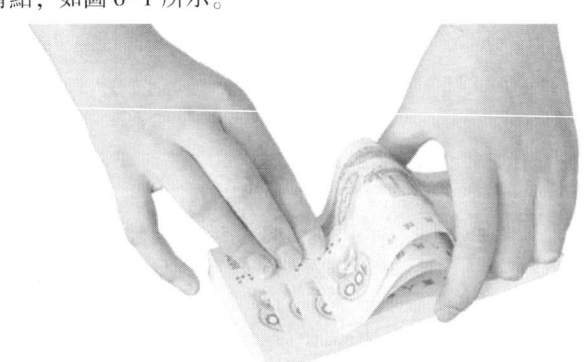

圖 6-1 三指清點

（2）四指清點，如圖6-2所示。

圖6-2 四指清點

3. 手持式點鈔法

手持式點鈔方法是將鈔券拿在手上進行清點的點鈔方法，其速度遠比手按式點鈔方法快，因此手持式點鈔方法在全國各地的銀行櫃員中應用比較普遍。手持式點鈔方法，根據指法不同又可分為單指單張、單指多張、多指多張、扇面式點鈔四種方式。

（1）單指單張點鈔法。

用一個手指一次點一張的方法叫單指單張點鈔法。這種方法是點鈔中最基本也是最常用的一種方法，使用範圍較廣、頻率較高，適用於收款、付款和整點各種新舊大小鈔票。這種點鈔方法由於持票面小，能看到票面的四分之三，容易發現假鈔票及殘破票；缺點是點一張記一個數，比較費力。具體操作方法如下：

①持票。

左手橫執鈔票，下面朝向身體，左手拇指在鈔票正面左端約1/4處，食指與中指在鈔票背面與拇指同時捏住鈔票，無名指與小指自然彎曲並伸向票前左下方，與中指夾緊鈔票，食指伸直，拇指向上移動，按住鈔票側面，將鈔票壓成瓦形，左手將鈔票從桌面上擦過，拇指順勢將鈔票向上翻成微開的扇形；同時，右手拇指、食指作點鈔準備。如圖6-3所示。

圖6-3 持票（單指單張）

②清點。

左手持鈔並形成瓦形后，右手食指托住鈔票背面右上角，用拇指尖逐張向下捻動鈔票右上角，捻動幅度要小，不要抬得過高。要輕捻，食指在鈔票背面的右端配合拇指捻動，左手拇指按捏鈔票不要過緊，要配合右手起自然助推的作用。右手的無名指將捻起的鈔票向懷裡彈，要注意輕點快彈。如圖 6-4 所示。

圖 6-4　清點（單指單張）

③記數。

與清點同時進行。在點數速度快的情況下，往往由於記數遲緩而影響點鈔的效率，因此記數應該採用分組記數法。把 10 作 1 記，即 1、2、3、4、5、6、7、8、9、1（即 10），1、2、3、4、5、6、7、8、9、2（即 20），以此類推，數到 1、2、3、4、5、6、7、8、9、10（即 100）。採用這種記數法記數既簡單又快捷，省力又好記。但記數時應默記，不要念出聲，做到腦、眼、手密切配合，既準又快。

（2）單指多張點鈔法。

點鈔時，一指同時點兩張或兩張以上的方法叫單指多張點鈔法。它適用於收款、付款和各種券別的整點工作。點鈔時記數簡單省力，效率高。但也有缺點，就是在一指捻幾張時，由於不能看到中間幾張的全部票面，所以假鈔和殘破票不易被發現。

這種點鈔法除了記數和清點外，其他均與單指單張點鈔法相同。

①持票（同單指單張），如圖 6-5 所示。

圖 6-5　持票（單指多張）

②清點。

清點時，右手食指放在鈔票背面右上角，拇指肚放在正面右上角，拇指尖超出票面，用拇指肚先捻鈔。單指雙張點鈔法，拇指肚先捻第一張，拇指尖捻第二張。單指多張點鈔法，拇指用力要均衡，捻的幅度不要太大，食指、中指在票后面配合捻動，拇指捻張，無名指向懷裡彈。在右手拇指往下捻動的同時，左手拇指稍抬，使票面拱起，從側邊分層錯開，便於看清張數，左手拇指往下撥鈔票，右手拇指抬起讓鈔票下落，左手拇指在撥鈔的同時下按其余鈔票，左右兩手拇指一起一落，協調動作。如此循環，直至點完。如圖6-6所示。

圖6-6　清點（單指多張）

③記數。

採用分組記數法。如：點雙數，兩張為一組記一個數，50組就是100張。

（3）多指多張點鈔法。

多指多張點鈔法是指點鈔時用小指、無名指、中指、食指依次捻下一張鈔票，一次清點四張鈔票的方法，也叫四指四張點鈔法。這種點鈔法適用於收款、付款和整點工作。這種點鈔方法不僅省力、省腦，而且效率高，能夠逐張識別假鈔票和挑剔殘破鈔票。

①持票。

用左手持鈔，中指在前，食指、無名指、小指在后，將鈔票夾緊，四指同時彎曲將鈔票輕壓成瓦形，拇指在鈔票的右上角外面，將鈔票推成小扇面，然后手腕向裡轉，使鈔票的右裡角抬起，右手五指準備清點。如圖6-7所示。

圖6-7　持票（多指多張）

②清點。

右手腕抬起，拇指貼在鈔票的右裡角，其餘四指同時彎曲並攏，從小指開始每指捻動一張鈔票，依次下滑四個手指，每一次下滑動作捻下四張鈔票，循環操作，直至點完 100 張。如圖 6-8 所示。

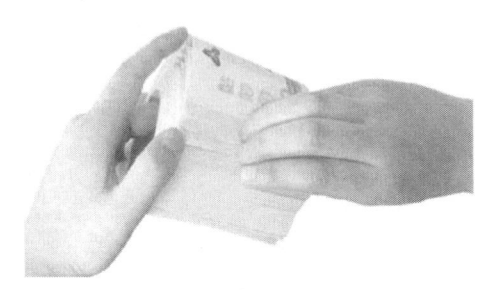

圖 6-8　清點（多指多張）

③記數。

採用分組記數法。每次點四張為一組，記滿 25 組為 100 張。

（4）扇面式點鈔法。

把鈔票捻成扇面狀進行清點的方法叫扇面式點鈔法。這種點鈔方法速度快，是手工點鈔中效率最高的一種。但它只適合清點新票幣，不適於清點新、舊、破混合鈔票。

①持票。

鈔票豎拿，左手拇指在票前下部中間票面約 1/4 處。食指、中指在票后同拇指一起捏住鈔票，無名指和小指拳向手心。右手拇指在左手拇指的上端，用虎口從右側卡住鈔票成瓦形，食指、中指、無名指、小指均橫在鈔票背面，做開扇準備。如圖 6-9 所示。

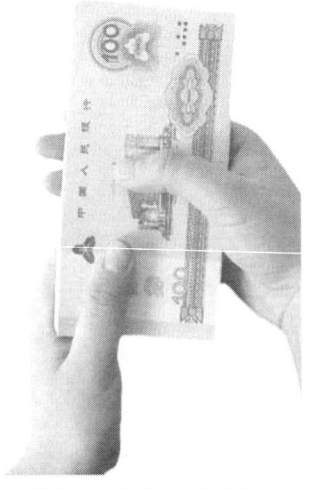

圖 6-9　持票（扇面式）

②開扇。

開扇是扇面點鈔的一個重要環節，扇面要開的均勻，為點數打好基礎，做好準備。其方法是：以左手為軸，右手食指將鈔票向胸前左下方壓彎，然後再猛向右方閃動，同時右手拇指在票前向左上方推動鈔票，食指、中指在票後面用力向右捻動，左手指在鈔票原位置向逆時針方向畫弧捻動，食指、中指在票後面用力向左上方捻動，右手手指逐步向下移動，至右下角時即可將鈔票推成扇面形。如有不均勻地方，可雙手持鈔抖動，使其均勻。打扇面時，左右兩手一定要配合協調，不要將鈔票捏得過緊，如果點鈔時採取一按十張的方法，扇面要開小些，便於點清。如圖6-10所示。

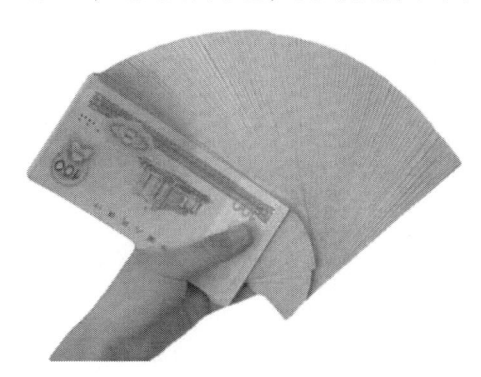

圖6-10　開扇

③點數。

左手持扇面，右手中指、無名指、小指托住鈔票背面，拇指在鈔票右上角1厘米處，一次按下五張或十張；按下後用食指壓住，拇指繼續向前按第二次。以此類推。同時；左手應隨右手點數速度向內轉動扇面，以迎合右手按動，直到點完100張為止。

一指多張點鈔，如圖6-11所示。

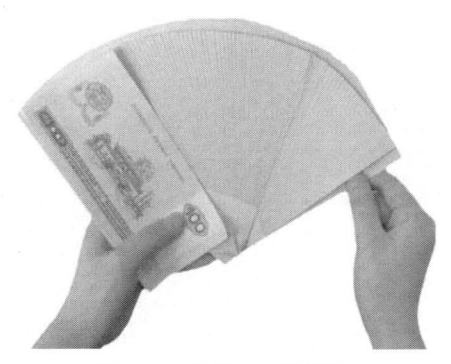

圖6-11　點數（一指多張）

多指多張點鈔，如圖6-12所示。

圖 6-12　點數（多指多張）

④記數。

採用分組記數法。一次按 5 張為一組記滿 20 組為 100 張；一次按 10 張為一組，記滿 10 組為 100 張。

⑤合扇。

清點完畢合扇時，將左手向右倒，右手托住鈔票右側向左合攏，左右手指向中間一起用力，使鈔票豎立在桌面上，兩手松攏輕墩，把鈔票墩齊，準備扎把。

（三）個人手持式點鈔操作練習

（1）請同學將各自得到的一把整鈔 100 張（或者其中任意抽取幾張），反覆練習以上講解的單指單張、單指多張、多指多張、扇面式點鈔。

（2）兩人一組相互計時練習考核點鈔技術。具體標準參考：超過 70 秒、點數不準、手勢不正確，或散把的需要再加強練習。

61~70 秒——基本達到櫃員點鈔要求。
51~60 秒——良好。
40~50 秒——優秀。

第二節　鈔票捆扎的方法實訓

（一）實訓目的

（1）理解鈔票捆扎的基本流程及其注意事項。
（2）理解纏繞式和扭結式兩種方法的操作原理。
（3）掌握纏繞式和扭結式兩種方法的操作技巧。

（二）實訓內容

點鈔完畢后，需要對點好的每疊百張鈔票（或不足百張的尾款），有折疊的鈔票撫平，並將鈔票上下、左右墩齊。然后將清點完的每一百張鈔票捆扎為一小把，每十小把捆為一捆（百張一把，十把一捆）。要求櫃員做到：

（1）卷角拉平、四邊水平、鈔票碰齊。

（2）鈔票墩齊的標準是：四條邊水平，卷角要拉平，不露頭或呈梯形錯開，即前、后、左、右四面的鈔票不得突出超過0.5厘米。

（3）兩繞捆鈔條重疊捆於鈔票中央位置，折角在鈔面正面。

（4）扎小把以提起把中任意一張不被抽出且隨意提取沒有變形松動為合格。

（5）按「井」字形捆扎的大捆，以用力推不變形，抽不出任一小把為合格標準。

常用的扎把方式分為纏繞式和扭結式兩種方法。

1. 纏繞式

臨櫃收款採用此種方法，需使用牛皮紙腰條，如圖6-13所示。具體操作方法介紹如下：

（1）將點過的鈔票100張墩齊。

（2）左手從長的方向攔腰握著鈔票，使之成為瓦狀（瓦狀的幅度影響扎鈔的松緊，在捆扎中幅度不能變）。

（3）右手握著腰條頭將其從鈔票的長的方向夾入鈔票的中間（離一端1/3～1/4處）從凹面開始繞鈔票兩圈。

（4）在翻到鈔票原度轉角處將腰條向右折疊90度，將腰條頭繞捆在鈔票的膘條轉兩圈打結。

（5）整理鈔票。

圖6-13　纏繞式

2. 扭結式

考核、比賽採用此種方法，需使用綿紙腰條，如圖6-14所示。具體操作方法介紹如下：

（1）將點過的鈔票100張墩齊。

（2）左手握鈔，使之成為瓦狀。

（3）右手將腰條從鈔票凸面放置，將兩腰條頭繞到凹面，左手食指、拇指分別按住腰條與鈔票厚度交界處。

（4）右手拇指、食指夾住其中一端腰條頭，中指、無名指夾住另一端腰條頭，並合在一起，右手順時針轉180°，左手逆時針轉180°，將拇指和食指夾住的那一頭從腰條與鈔票之間繞過、打結。

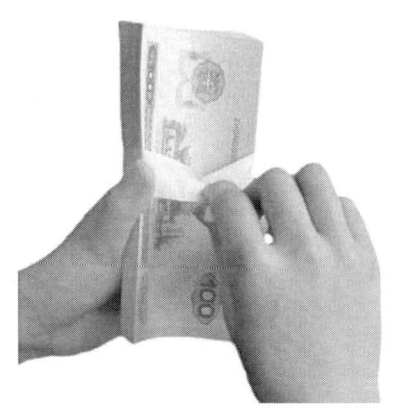

圖6-14　扭結式

（三）個人鈔票捆扎的操作練習

請同學理解鈔票纏繞式扎法和扭結式扎法的操作要領，利用各自得到的一把整鈔100張反覆練習兩種捆扎方法。

第三部分

銀行對私業務實驗實訓

銀行對私業務也稱為銀行個人業務，主要是指商業銀行對個人客戶提供的存款、貸款、支付結算等業務。本部分針對銀行對私業務的實驗操作包含兩大模塊，一是個人儲蓄業務實驗模塊，二是個人貸款業務實驗模塊。其中，個人儲蓄業務模塊包含當今中國商業銀行對個人客戶提供的活期儲蓄、定期儲蓄、通知存款、教育儲蓄、個人支票等主流業務的實驗操作應用；個人貸款業務模塊主要涉及包括住房貸款、汽車貸款在內的各類個人消費貸款業務的實驗操作，以及個人助學貸款和信用卡業務的實驗操作應用。

第七章 個人儲蓄業務

個人儲蓄業務又稱零售存款業務，是存款人基於對銀行的信任而將資金存入銀行，並可以隨時或按約定時間支取款項的一種信用行為。存款是銀行對存款人的負債，是銀行最主要的資金來源。存款業務是銀行的傳統和基礎業務，包括了活期儲蓄、整存整取、定活兩便、零存整取、存本取息、通知存款、教育儲蓄和個人支票等業務。

一名櫃員需要掌握活期儲蓄存款業務流程，主要包括開戶、續存、支取、銷戶四個環節和活期儲蓄存款業務流程。同時，一名櫃員還應該具有活期儲蓄存款利息計算與財務核算的技能。

第一節 活期儲蓄業務實驗

（一）實驗目的

（1）掌握個人活期儲蓄的概念以及常見的個人消費貸款業務種類。
（2）掌握客戶管理的業務內容。
（3）掌握個人普通活期儲蓄的開戶、存款、取款的流程。
（4）掌握個人一卡通活期的開戶、存款、取款的流程。
（5）理解個人活期儲蓄過程中的注意事項。

（二）實驗案例

在銀行辦理所有新開戶業務時都必須先開客戶後開帳戶，假設第一次來本行辦理開戶業務的個人客戶名叫李智民（客戶名稱及身分證號碼可由學生自行設定）。首先要進行的操作是開設一個普通客戶號，同時為客戶李智民開設一個一卡通客戶號，並記錄下來，以便下一步開一卡通帳戶時使用。業務完成后需打印相關開戶憑證，留底存檔，以備查詢。

接下來櫃員為客戶李智民開設普通存折存款帳戶，即普通活期存款帳戶，此時需要填寫「開普通客戶」案例操作中生成的普通客戶號，開戶存款金額為 5,000 元。業

務完成后打印普通存折。完成開設普通存款帳戶后存入人民幣 2,000 元整。存款業務操作完成后，櫃員打印存折存款業務記錄。最后櫃員為客戶李智民辦理普通存折取款業務，取出人民幣 1,000 元整。取款業務操作完成后，櫃員打印存折取款業務記錄。

在完成普通活期存折各項業務后，客戶李智民繼續需要進行一卡通的各項業務，包括開戶時存入人民幣 5,000 元整。然后是存入 8,000 元與取出 2,000 元的業務。

（三）實驗步驟

操作1：使用對私業務用戶編號登錄商業銀行綜合業務仿真實訓平臺，在左側導航欄中選擇「個人儲蓄」→「客戶管理」，點擊界面下方的「開普通客戶」按鈕，出現開普通客戶信息的填寫窗口，如圖 7-1 所示。

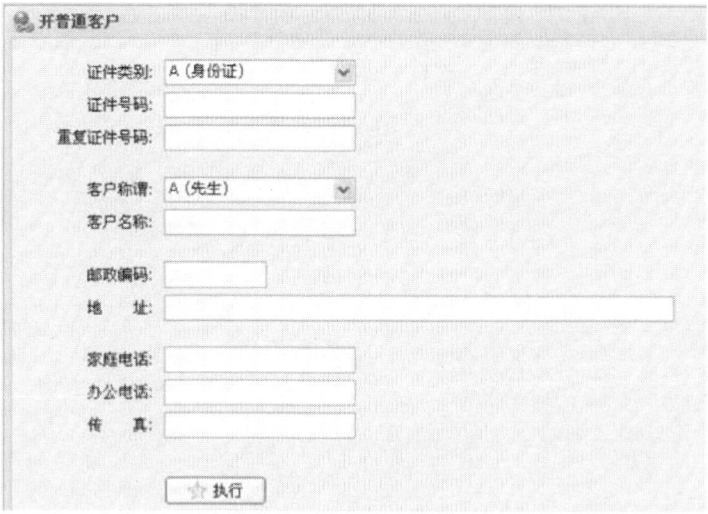

圖 7-1　開通普通客戶

操作2：根據案例中客戶李智民的相關個人帳戶信息，將每項內容進行錄入。錄入時需注意：

(1)「身分類別」選擇「A（身分證）」。
(2)「證件號碼」輸入 18 位身分證號碼。
(3)「客戶稱謂」必須選擇輸入。
(4)「客戶名稱」可以自己根據實際情況填寫，此項也不能為空。
(5)「郵政編碼」「地址」等其他信息盡量輸入齊全。
(6) 需要注意，客戶姓名不能為空。客戶沒有提供有效證件時，則 ID 類別選擇「Z（無）」。

操作3：錄入各項內容后，點擊「執行」按鈕，系統會自動跳出操作結果的界

面，然后點擊「確定」按鈕，操作完成。需要注意的是：一個身分證號只能在本支行開立一個普通客戶號及一個一卡通客戶號。客戶號由系統自動生成，在點擊「確定」按鈕之前，需要把生成的客戶號等信息一併記錄下來，因為開立活期帳戶時需要填寫系統生成的普通客戶號。如圖7-2所示。

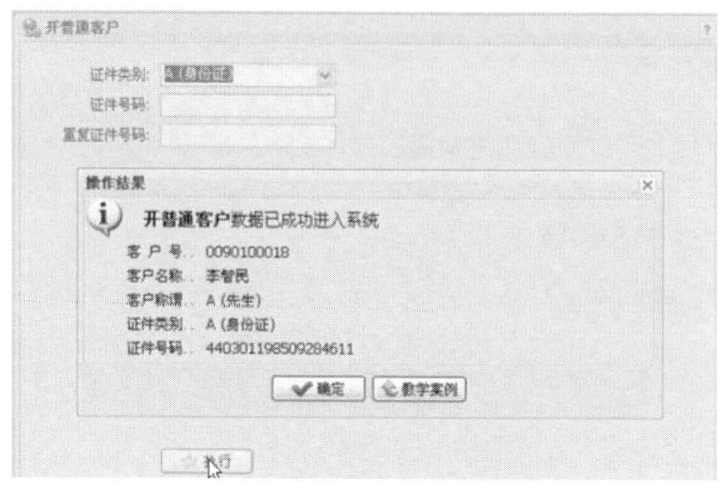

圖7-2　錄入普通客戶信息並確認

操作4：接下來進行開一卡通客戶步驟。在左側導航欄中選擇「個人儲蓄」→「客戶管理」，點擊界面下方的「開一卡通客戶」按鈕，出現開一卡通客戶信息的填寫窗口。如圖7-3所示。

圖7-3　開通一卡通客戶

操作 5：根據案例中客戶李智民的相關個人帳戶信息，將每項內容進行錄入。錄入時需注意：

（1）「憑證類型」選擇「一本通」或「一卡通」。

（2）輸入憑證號碼、重複憑證號碼、客戶姓名、客戶稱謂、證件類別、證件號碼、重複證件號碼、郵編、地址、家庭電話、辦公電話、傳真、通存通兌。

（3）客戶稱謂、客戶姓名、交易密碼、查詢密碼必須輸入，郵編、地址、電話、傳真盡量輸入齊全。

（4）需要注意的事項是客戶姓名不能為空，同時當客戶沒有提供有效證件時，則證件類別選擇「Z（無證件）」。

操作 6：錄入圖 7-3 中的各項內容后，點擊「執行」按鈕，系統會自動跳出操作結果的界面，然后拿出一張新的銀行卡，用磁卡讀寫器寫入數據，等待讀寫器讀取完數據后，再次點擊屏幕上的「執行」按鈕，操作完成。如圖 7-4 所示。

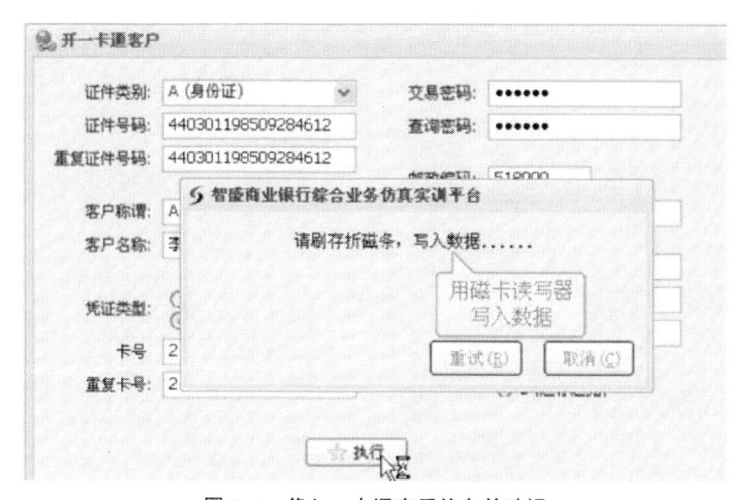

圖 7-4　錄入一卡通客戶信息並確認

操作 7：正式進行活期儲蓄業務步驟。在左側導航欄中選擇「個人儲蓄」→「活期儲蓄」，點擊界面下方的「普通活期開戶」按鈕，出現普通活期開戶的客戶信息填寫窗口，如圖 7-5 所示。

圖 7-5　普通活期開戶

操作 8：將之前記錄下來的客戶號等信息文檔點開，錄入開戶所需信息，開戶金額為 5,000 元。如圖 7-6 所示。

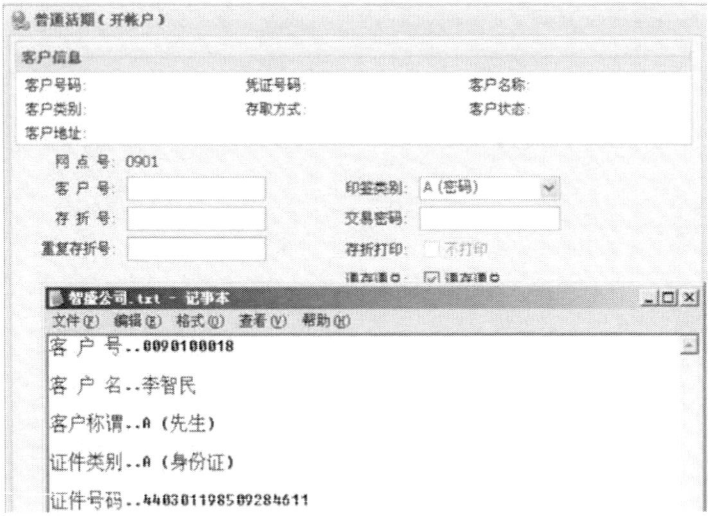

圖 7-6　普通活期開戶信息錄入

在進行信息錄入時，需注意：
(1)「客戶號」輸入之前開通普通客戶時候保存的客戶號。
(2)「存折號」輸入要給客戶的新存折本上的編號。
(3)「交易密碼」輸入初始密碼。
(4)「金額」輸入 5,000 元。

操作 9：錄入圖 7-6 的各項內容后，點擊「執行」按鈕，系統會自動跳出操作結果的界面；然后拿出一張新的銀行卡，用磁卡讀寫器寫入數據，等待讀寫器讀取完數據后，再次點擊屏幕上的「執行」按鈕，保存生成的客戶活期帳戶信息；最后點擊「確定」按鈕操作完成，業務完成后，根據實際情況可以選擇打印普通存折，如圖7-7所示。（注意：打印存折需要安裝專用票據打印機及相關驅動程序）

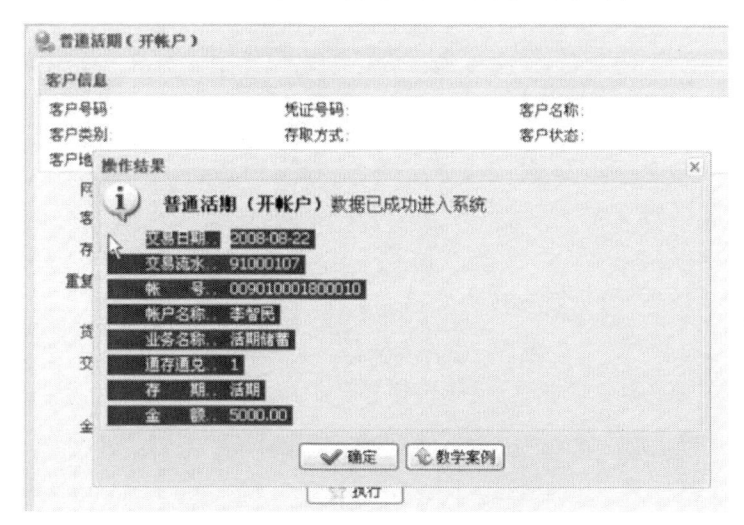

圖 7-7　普通活期開戶生成數據複製

操作 10：為客戶進行普通活期存款業務的辦理。在左側導航欄中選擇｜個人儲蓄｜→｜活期儲蓄｜，點擊界面下方的「普通活期存款」按鈕，屏幕出現普通活期存款的客戶信息填寫窗口，如圖 7-8 所示。

圖 7-8　普通活期存款

在進行信息錄入時，需注意：

（1）如果選擇的「刷存折」方式錄入「帳戶」與「存折」信息，只需通過讀取器即可完成。

（2）在沒有讀取器的情況下，則選擇「手工輸入」選項，根據客戶的客戶號與存折號碼，手工錄入兩項信息。

（3）「金額」錄入 2,000 元。

（4）無須輸入「復核人」與「復核密碼」選項。

操作 11：錄入圖 7-8 的各項內容后，點擊「執行」按鈕，系統會自動跳出操作結果的界面，最后點擊「確定」按鈕，活期存款流程完成結束。如圖 7-9 所示。

圖 7-9　普通活期存款完成

操作 12：為客戶辦理活期取款業務。在左側導航欄中選擇「個人儲蓄」→「活期儲蓄」，點擊界面下方的「普通活期取款」按鈕，屏幕出現普通活期取款的客戶信息填寫窗口，如圖 7-10 所示。

在進行信息錄入時，需注意：

（1）如果選擇的「刷存折」方式錄入「帳戶」與「存折」信息，只需通過讀取器即可完成。

（2）在沒有讀取器的情況下，則選擇「手工輸入」選項，根據客戶的客戶號與存折號碼，手工錄入兩項信息。

（3）「金額」錄入 1,000 元。

（4）無須輸入「復核人」與「復核密碼」選項中。

操作 13：錄入圖 7-10 的各項內容后，點擊「執行」按鈕，系統會自動跳出操作結果的界面，最后點擊「確定」按鈕，活期存款流程完成結束。如圖 7-11 所示。

圖 7-10　普通活期取款

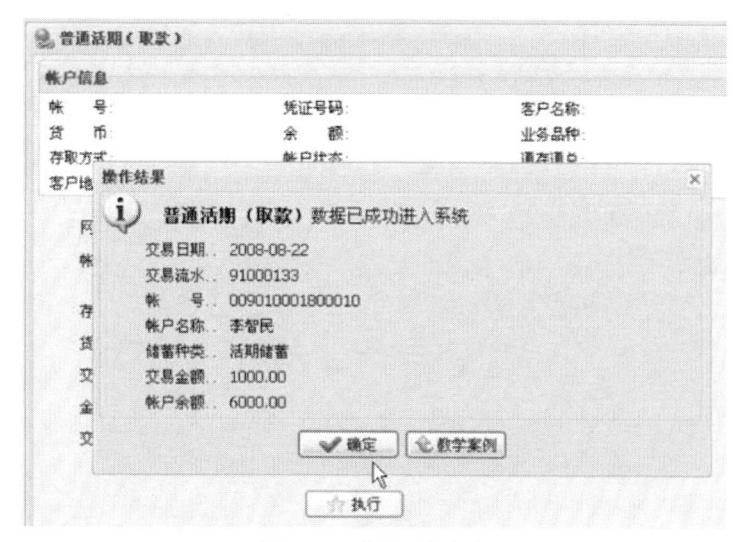

圖 7-11　普通活期完成

操作 14：進行活期儲蓄業務中的一卡通活期業務步驟。在左側導航欄中選擇「個人儲蓄」→「活期儲蓄」，點擊界面下方的「一卡通活期開戶」按鈕，出現一卡通活期開戶的客戶信息填寫窗口，如圖 7-12 所示。

在進行信息錄入時，需注意：
(1)「憑證輸入方式」在沒有讀取器的時候，請選擇手工輸入。

圖 7-12　一卡通活期開戶

（2）「客戶號」錄入需寫「開一卡通客戶」案例操作中系統自動生成的一本通或者一卡通客戶號。

（3）「憑證號碼」錄入為從尾箱裡領取的新憑證。

（4）「金額」錄入為 5,000 元。

（5）「復核人」與「復核人密碼」無須填寫。

操作 15：錄入圖 7-12 的各項內容后，點擊「執行」按鈕，系統會自動跳出操作結果的界面，保存生成的客戶活期帳戶信息，最后點擊「確定」按鈕完成開戶的操作流程。如圖 7-13 所示。

圖 7-13　一卡通活期開戶完成

操作16：為客戶進行一卡通活期存款業務的辦理。在左側導航欄中選擇「個人儲蓄」→「活期儲蓄」，點擊界面下方的「一卡通活期存款」按鈕，屏幕出現一卡通活期存款的客戶信息填寫窗口，如圖7-14所示。

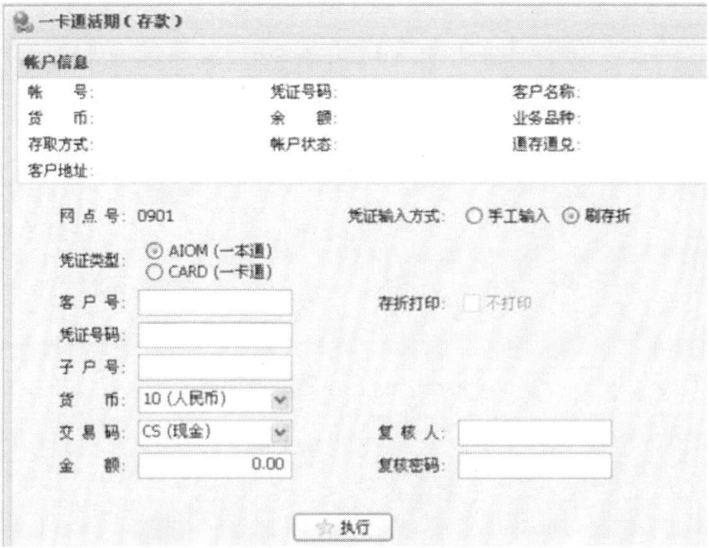

圖7-14　一卡通活期存款

在進行信息錄入時，需注意：
(1)「憑證類型」根據實際情況選擇一本通或者一卡通。
(2) 根據具體情況選擇是「手工輸入」還是「刷存折」。
(3)「憑證號碼」對應的是客戶之前辦理一本通或者一卡通的憑證號碼。
(4)「子戶號」是開戶帳號的后5位。
(5)「金額」輸入8,000元存款。

操作17：錄入圖7-14的各項內容后，點擊「執行」按鈕，系統會自動跳出操作結果的界面，最后點擊「確定」按鈕，一卡通活期存款流程完成結束。

操作18：為客戶辦理一卡通活期取款業務。在左側導航欄中選擇「個人儲蓄」→「活期儲蓄」，點擊界面下方的「一卡通活期取款」按鈕，屏幕出現普通活期取款的客戶信息填寫窗口，如圖7-15所示。

在進行信息錄入時，需注意：
(1) 各項注意細節可參看以上普通活期取款與一卡通活期存款的操作流程。
(2)「金額」輸入2,000元取款金額。

操作19：錄入圖7-15的各項內容后，點擊「執行」按鈕，系統會自動跳出操作結果的界面，最后點擊「確定」按鈕，一卡通活期存款流程完成結束。

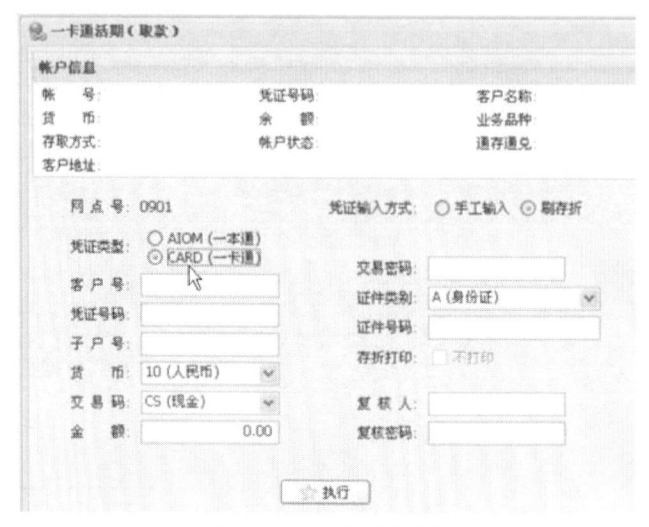

圖 7-15　一卡通活期取款

(四) 個人活期儲蓄業務操作練習

(1) 請同學以兩人為一組的形式輪流扮演銀行櫃員和客戶，為對方辦理普通客戶的開戶、一卡通客戶的開戶流程。

(2) 請同學以兩人為一組的形式輪流扮演銀行櫃員和客戶，為對方辦理活期儲蓄業務，包括普通活期儲蓄業務的開戶、存款與取款，以及一卡通儲蓄業務的開戶、存款與取款。

第二節　整存整取業務實驗

(一) 實驗目的

(1) 瞭解整存整取業務的特點。
(2) 掌握普通整存整取業務的開戶、存款與取款的流程操作。
(3) 掌握一卡通整存整取業務的開戶、存款與取款的流程操作。

(二) 實驗案例

客戶李智民因為整存整取業務具有利率較高、利率大小與期限長短成正比的優勢，

決定去銀行辦理該業務來實現家庭理財目的。櫃員對客戶李智民進行了詳細的業務介紹，包括整存整取存款到期後自動轉存功能，客戶可通過銀行提供多種的轉帳渠道，對帳戶中的存款進行活期轉定期或到期定期轉活期的操作，還可通過約定轉存功能，靈活的管理客戶的整存整取存款的本息、存期、存款形式等。如果客戶需要資金週轉而在銀行的整存整取存款未到期時，可以通過自助貸款將帳上的整存整取存款作質押、獲得個人貸款融資。可部分提前支取一次，但提前支取部分將按支取當日掛牌活期存款利率計息。各幣種起存金額如下：人民幣 50 元、港幣 50 元、日元 1,000 元，其他幣種為原幣種 10 元。人民幣存期包括：三個月、六個月、一年、二年、三年和五年。外幣存期包括：一個月、三個月、六個月、一年、二年。

在客戶李智民瞭解該業務的特點後，櫃員為李智民辦理普通與一卡通的整存整取開戶、存款業務。而後因客戶李智民因臨時急需用錢，前來銀行櫃臺辦理「普通整存整取」提前支取業務，及其「一卡通整存整取」提前支取業務。分別提前支取人民幣 1,000 元整和人民幣 1,500 元整。

（三）實驗步驟

在進行本實驗操作之前，請確認櫃員已經提前進行了在「通用模塊」中大額雙整存單與整存整取存單憑證的領用與該空白憑證的出庫操作，有了相關憑證才能確保本實驗的順利進行。

操作 1：櫃員為客戶李智民開設普通整存整取帳號一個，開戶存入人民幣 2,000 元整，存期為三個月。在左側導航欄中選擇「個人儲蓄」→「整存整取」，點擊界面下方的「普通整存整取開戶」按鈕，屏幕出現普通整存整取開戶的客戶信息填寫窗口，如圖 7-16 所示。

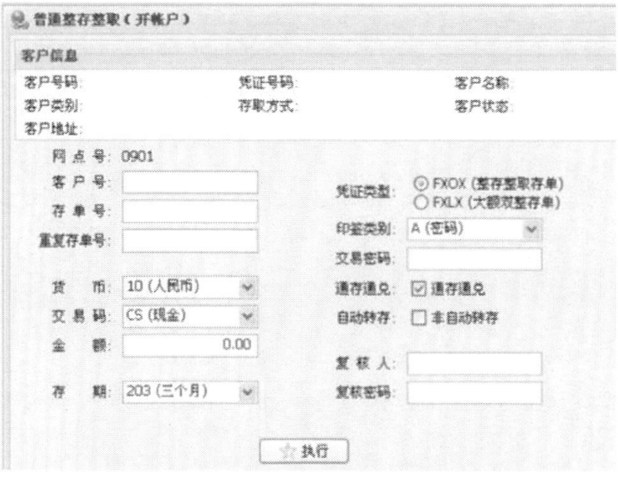

圖 7-16　普通活期整存整取開戶

在進行信息錄入時，需注意：
(1)「客戶號」查看之前保存的李智民普通客戶號，對應錄入。
(2)「憑證類型」根據實際情況選擇是「整存整取存單」或者「大額雙整存單」。
(3)「存單號」根據櫃員自己領取的相關憑證，選取一張空白出庫的憑證號填寫。
(4)「金額」為 2,000 元整。
(5)「存期」為三個月。
(6) 其他錄入內容同上。

操作2：錄入圖7-16的各項內容后，點擊「執行」按鈕，系統會自動跳出操作結果的界面，仔細核對信息，記錄保存客戶的開戶帳號后，點擊「確定」按鈕，普通整存整取開戶存款流程完成。如圖7-17所示。

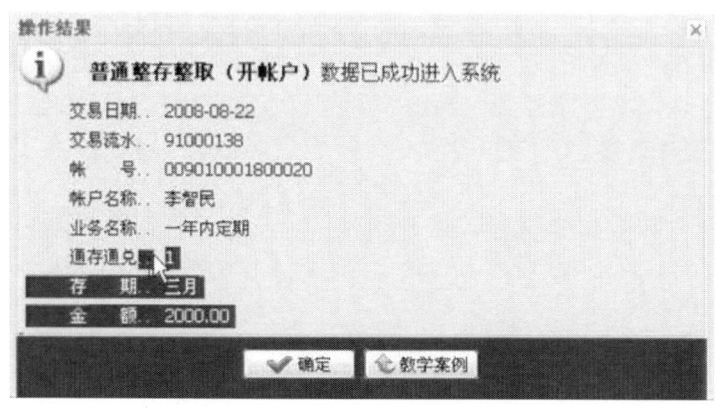

圖7-17　普通活期整存整取信息錄入

操作3：為客戶辦理普通雙整提前支取業務，客戶李智民提前支取1,000元。在左側導航欄中選擇「個人儲蓄」→「整存整取」，點擊界面下方的「普通雙整提前支取」按鈕，屏幕出現普通雙整提前支取的客戶信息填寫窗口，如圖7-18所示。

在進行信息錄入時，需注意：
(1) 查看上一次開戶操作流程中保存的李智民的開戶帳號，對應錄入。
(2)「存單號」為上一開戶操作流程中開具的存單號。
(3)「替換存單號」是根據櫃員自己領取的相關憑證，選取一張空白出庫的憑證號填寫。
(4)「金額」填寫1,000元整。
(5) 其他錄入內容同上。

操作4：錄入上圖各項內容后，點擊「執行」按鈕，系統會自動跳出操作結果的界面，仔細核對信息，記錄保存客戶的普通雙整提前支取信息后，點擊「確定」按

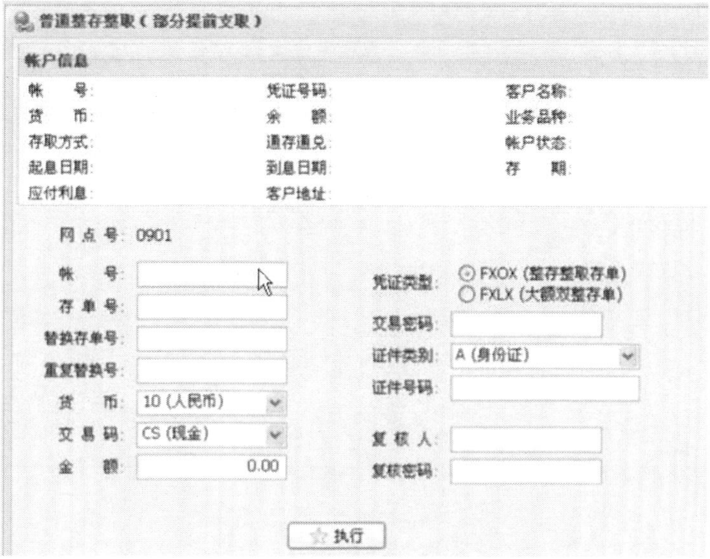

圖 7-18　普通雙整提前支取

鈕，普通整存整取存款開戶流程完成。

操作 5：櫃員為客戶李智民辦理一卡通整存整取開戶業務，存入人民幣 6,000 元整，存期為一年。在左側導航欄中選擇「個人儲蓄」→「整存整取」，點擊界面下方的「一卡通整存整取開戶」按鈕，屏幕出現普通整存整取開戶的客戶信息填寫窗口，如圖 7-19 所示。

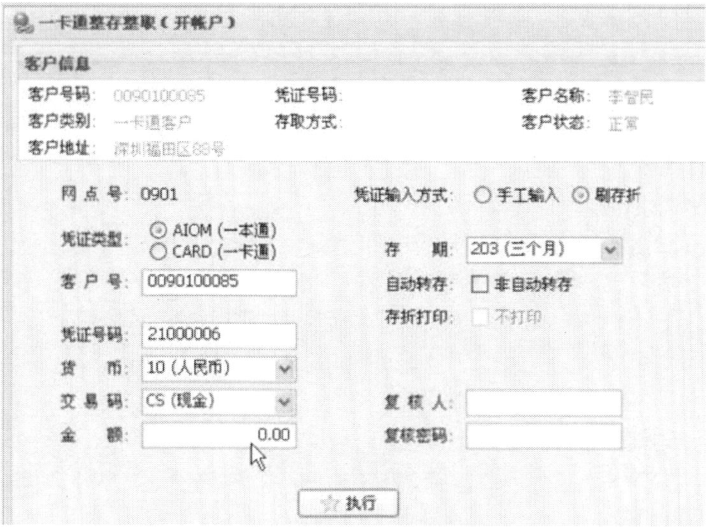

圖 7-19　一卡通整存整取開戶

在進行信息錄入時，需注意：
(1)「憑證輸入方式」根據實際情況選擇「手工輸入」或者「刷存折」。
(2) 看之前保存的李智民的一卡通客戶號對應錄入。
(3)「憑證號碼」根據櫃員自己領取的相關憑證，選取一張空白出庫的憑證號填寫。
(4)「金額」填寫 6,000 元整。
(5) 其他錄入內容同上。

操作 6：錄入圖 7-19 的各項內容后，點擊「執行」按鈕，系統會自動跳出操作結果的界面，仔細核對信息，記錄保存客戶的開戶帳號后，點擊「確定」按鈕，一卡通整存整取開戶存款流程完成。如圖 7-20 所示。

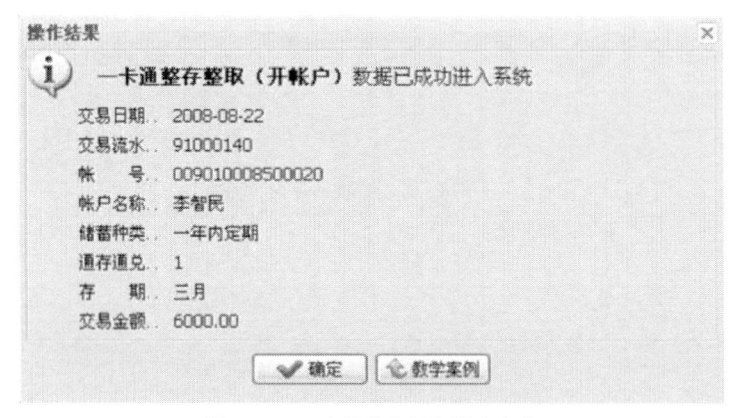

圖 7-20 一卡通整存整取業務完成

操作 7：辦理一卡通雙整提前支取業務，客戶李智民提前支取人民幣 1,500 元整。在左側導航欄中選擇「個人儲蓄」→「整存整取」，點擊界面下方的「一卡通雙整提前支取」按鈕，屏幕出現一卡通雙整提前支取的客戶信息填寫窗口，如圖 7-21 所示。

在進行信息錄入時，需注意：
(1)「憑證類型」根據實際情況確定是「一本通」還是「一卡通」。
(2)「客戶號」為上一次一卡通雙整開戶操作流程中的客戶號相同。
(3)「憑證號碼」填寫上一次一卡通雙整開戶時所開具的憑證號碼。
(4)「子戶號」是一卡通雙整開戶帳號的后 5 位。
(5)「金額」填寫 1,500 元整。
(6) 其他錄入內容同上。

操作 8：錄入上圖各項內容后，仔細核對客戶各項信息，點擊「執行」按鈕，一卡通雙整提前支取的流程操作完成。

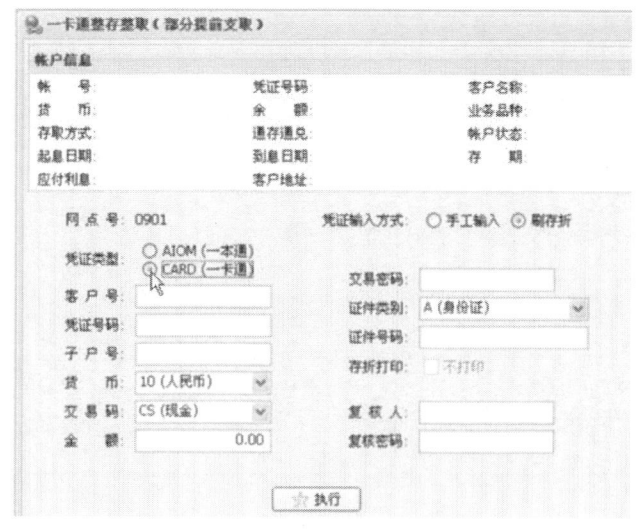

圖 7-21　一卡通雙整提前支取

（四）個人整存整取業務操作練習

（1）請同學以兩人為一組的形式輪流扮演銀行櫃員和客戶，為對方辦理普通整存整取開戶與提前支取業務的操作流程，熟悉每一個步驟。

（2）請同學以兩人為一組的形式輪流扮演銀行櫃員和客戶，為對方辦理一卡通整存整取開戶與提前支取業務的操作流程，熟悉每一個步驟。

第三節　定活兩便業務實驗

（一）實驗目的

（1）瞭解定活兩便業務的特點。
（2）掌握普通定活兩便開戶的操作流程。
（3）掌握一卡通定活兩便開戶的操作流程。
（4）理解和掌握普通定活兩便與一卡通定活兩便的銷戶原因和流程。

（二）實驗案例

客戶李智民有人民幣 20,000 元現金，可能在未來幾個月內需要全額支取用於購買電

器。針對此種情況，銀行工作人員建議他將此筆款項以定活兩便的方式存入銀行，並向李智民介紹「定活兩便」業務的特點。第一，定活兩便業務是一種事先不約定存期、一次存入、一次性支取的儲蓄存款，既有活期之便，又有定期之利。利息按實際存期長短計算，存期越長利率越高。第二，起存金額低，人民幣 50 元即可起存。第三，相關利率的規定是存期超過整存整取最低檔次且在一年以內的，分別按同檔次整存整取利率打六折計息。第四，存期超過一年（含一年）的，一律按一年期整存整取利率打六折計息。第五，存期低於整存整取最低檔次的，按活期利率計息。

李智民接受銀行工作人員的建議，銀行櫃員為其開設定活兩便帳戶，並將此筆款項存入銀行。此后客戶李智民需要將之前以定活兩便方式存入的人民幣 20,000 元取出用於購買電器，櫃員為其辦理現金支取業務，並將該普通定活兩便帳戶進行銷戶處理。

另外，櫃員為客戶李智民開設一卡通定活兩便帳戶一個，開戶存入金額為30,000元。李智民需將之前開設的一卡通定活兩便帳戶銷戶。櫃員為其辦理銷戶手續，並為其提取出其中的 30,000 元。

（三）實驗步驟

在進行本實驗操作之前，請確認櫃員已經提前進行了在「通用模塊」中定活兩便存單憑證的領用與該空白憑證的出庫操作，有了相關憑證才能確保本實驗的順利進行。

操作 1：櫃員為客戶李智民開設普通定活兩便帳號一個，開戶存入人民幣 20,000 元整。在左側導航欄中選擇「個人儲蓄」→「定活兩便」，點擊界面下方的「普通定活兩便開戶」按鈕，屏幕出現普通定活兩便開戶的客戶信息填寫窗口，如圖 7-22 所示。

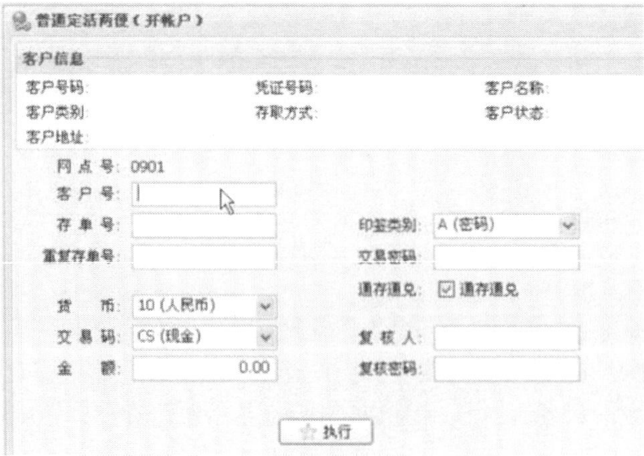

圖 7-22　普通定活兩便開戶

在進行信息錄入時，需注意：

(1) 查看之前保存的李智民普通客戶號，對應錄入。
(2)「存單號」根據櫃員自己從尾箱領取的定活兩便存單憑證，選取一張空白出庫的憑證號碼填寫。
(3)「金額」為 20,000 元整。
(4) 其他錄入內容同上。

操作 2：錄入圖 7-22 的各項內容后，點擊「執行」按鈕，系統會自動跳出操作結果的界面，仔細核對信息，記錄保存客戶的開戶帳號后，點擊「確定」按鈕，普通定活兩便開戶存款流程完成。如圖 7-23 所示。

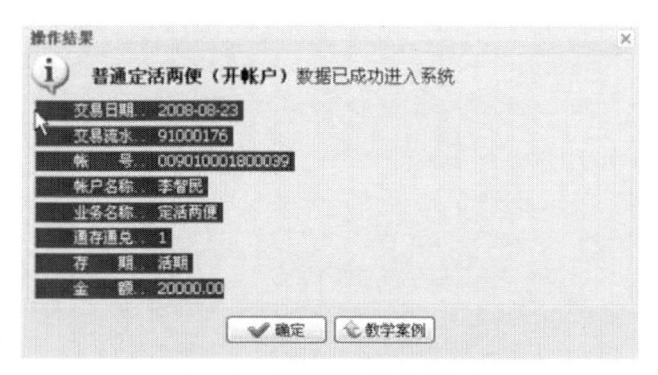

圖 7-23　普通定活兩便開戶完成

操作 3：櫃員為客戶李智民辦理現金 20,000 元的支取業務，並將該普通定活兩便帳戶進行銷戶處理。在左側導航欄中選擇「個人儲蓄」→「定活兩便」，點擊界面下方的「普通定活兩便銷戶」按鈕，屏幕出現普通定活兩便銷戶的客戶信息填寫窗口，如圖 7-24 所示。

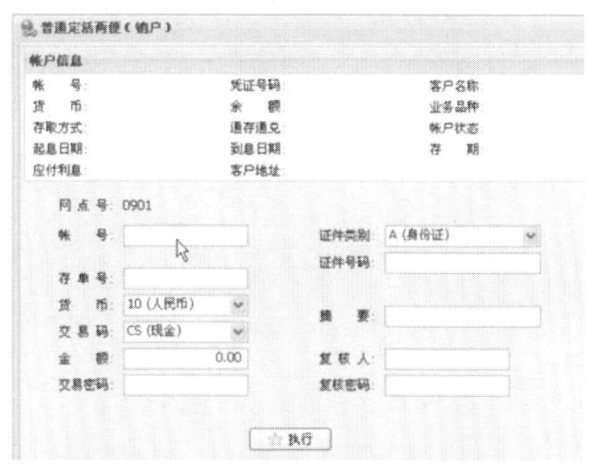

圖 7-24　普通定活兩便取款銷戶

在進行信息錄入時，需注意：

(1)「帳號」的信息錄入為圖7-23中櫃員所保存的帳號信息。

(2) 輸入帳號后，在上方的「帳戶信息」中會顯示憑證號碼，該號碼即是「存單號」中需要錄入的號碼。

(3)「金額」為20,000元整。

(4) 其他錄入內容同上。

操作4：錄入上圖各項內容后，點擊「執行」按鈕，系統會自動跳出操作結果的界面，仔細核對信息，點擊「確定」按鈕，普通定活兩便取款銷戶流程完成。如圖7-25所示。

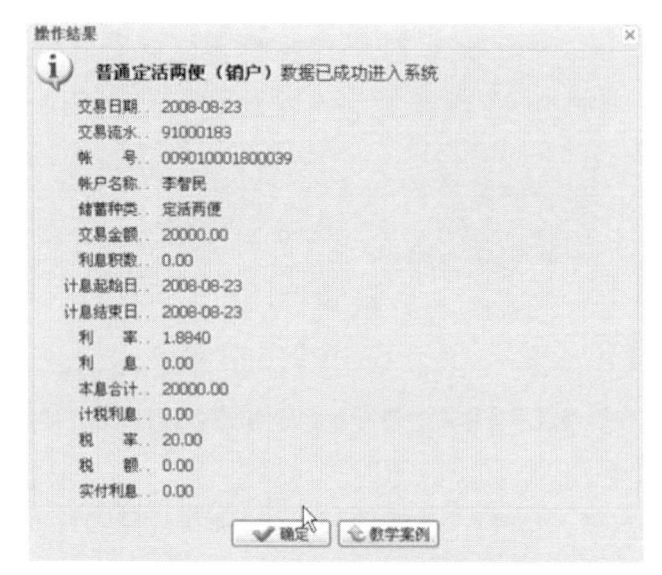

操作結果

i 普通定活兩便（銷戶）數據已成功進入系統

交易日期：2008-08-23
交易流水：91000183
帳　　號：0090010001800039
帳戶名稱：李智民
儲蓄種類：定活兩便
交易金額：20000.00
利息积数：0.00
計息起始日：2008-08-23
計息結束日：2008-08-23
利　　率：1.8840
利　　息：0.00
本息合計：20000.00
計稅利息：0.00
稅　　率：20.00
稅　　額：0.00
实付利息：0.00

✓ 確定　　教学案例

圖7-25　普通定活兩便取款銷戶結果

操作5：櫃員為客戶李智民開設一卡通定活兩便帳號一個，開戶存入人民幣30,000元整。在左側導航欄中選擇「個人儲蓄」→「定活兩便」，點擊界面下方的「一卡通定活兩便開戶」按鈕，屏幕出現一卡通定活兩便開戶的客戶信息填寫窗口，如圖7-26所示。

在進行信息錄入時，需注意：

(1) 查看之前保存的李智民一卡通客戶號，對應錄入。

(2)「存單號」根據櫃員自己從尾箱領取的定活兩便存單憑證，選取一張空白出庫的憑證號碼填寫。

(3)「金額」為30,000元整。

(4) 其他錄入內容同上。

操作6：錄入圖7-26的各項內容后，仔細核對信息，點擊「執行」按鈕，系統

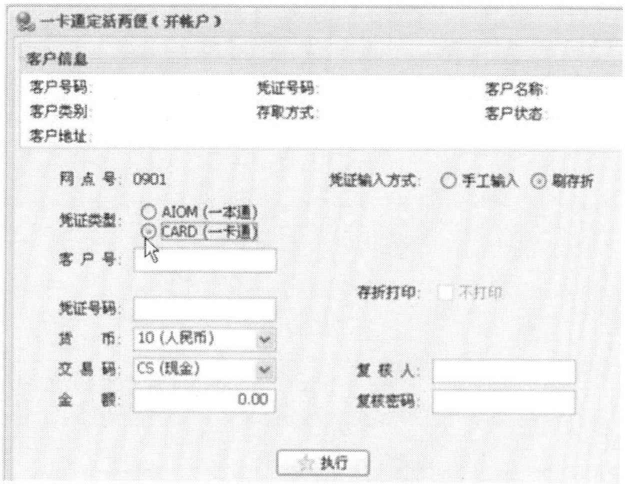

圖 7-26　一卡通定活兩便取款開戶

會自動跳出操作結果的界面，一卡通定活兩便開戶存款流程完成。

操作 7：櫃員為客戶李智民辦理提取一卡通定活兩便帳戶裡面的 30,000 元的業務，並且銷戶。在左側導航欄中選擇「個人儲蓄」→「定活兩便」，點擊界面下方的「一卡通定活兩便銷戶」按鈕，屏幕出現一卡通定活兩便銷戶的客戶信息填寫窗口，如圖 7-27 所示。

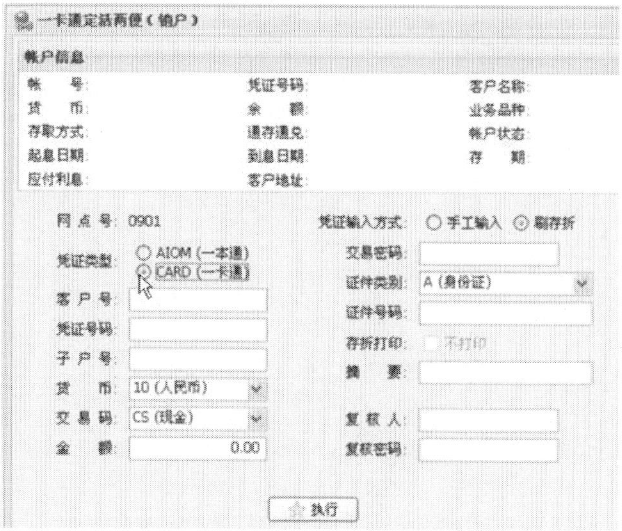

圖 7-27　一卡通定活兩便取款銷戶

在進行信息錄入時，需注意：

（1）「帳號」的信息錄入為圖7-23中櫃員所保存的帳號信息。

（2）輸入帳號后，在上方的「帳戶信息」中會顯示憑證號碼，該號碼即是「存單號」中需要錄入的號碼。

（3）「金額」為30,000元整。

（4）其他錄入內容同上。

操作8：錄入圖7-27的各項內容后，點擊「執行」按鈕，系統會自動跳出操作結果的界面，仔細核對信息，並且做好保存記錄工作，然后點擊「確定」按鈕，一卡通定活兩便取款銷戶流程完成。如圖7-28所示。

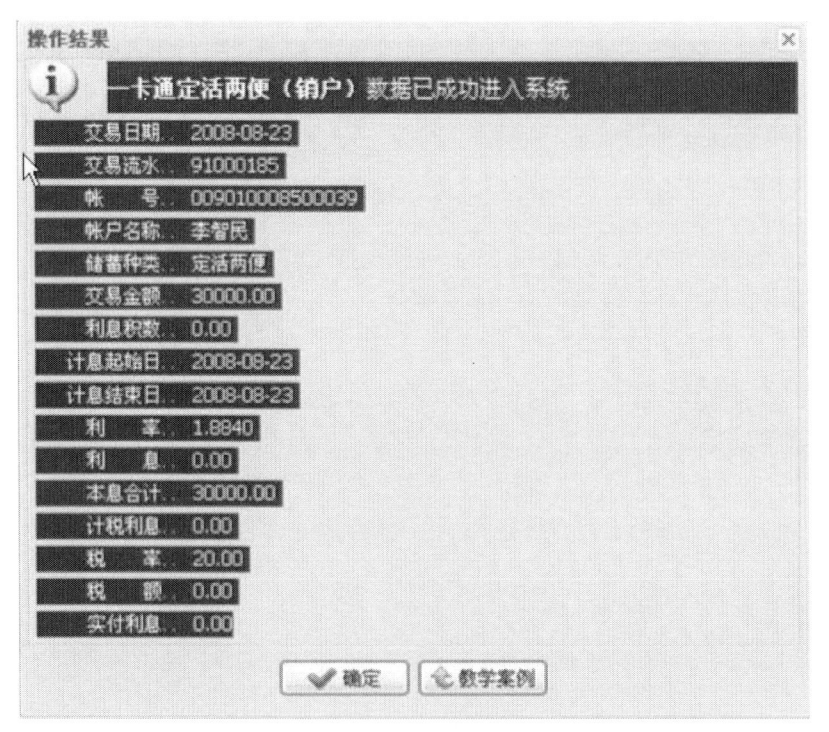

圖7-28　一卡通定活兩便取款銷戶結果

（四）個人消費貸款業務操作練習

（1）請同學以兩人為一組的形式輪流扮演銀行櫃員和客戶，參照案例自己假設情景，完成普通定活兩便的開戶、存款與銷戶業務的操作流程，熟悉每一個步驟。

（2）請同學以兩人為一組的形式輪流扮演銀行櫃員和客戶，參照案例自己假設情景，完成一卡通定活兩便的開戶、存款與銷戶業務的操作流程，熟悉每一個步驟。

第四節　零存整取業務實驗

(一) 實驗目的

(1) 理解銀行零存整取業務的特點。
(2) 掌握普通零存整取業務開戶、存款與銷戶的操作流程。
(3) 掌握一卡通零存整取業務開戶、存款與銷戶的操作流程。

(二) 實驗案例

客戶李智民每月工資性收入均有結餘，如以活期方式存入銀行利息太少，為此櫃員建議他將每月的結餘進行「零存整取」，可獲得更多的利息收入。零存整取是一種事先約定金額，起存金額低，只需人民幣 5 元即可，起存逐月按約定金額存入，到期支取本息的定期儲蓄。此種儲蓄方式適合每月有固定工資性收入結餘的人。櫃員同時告知李智民，每月需以固定金額存入，若中途漏存，應在次月補齊。未補齊視同違約，違約後將不再接受客戶續存及補存。李智民接受了銀行櫃員的建議，開設「普通零存整取」帳戶一個，存期為 1 年，開戶金額為 2,000 元。客戶李智民前往銀行櫃臺辦理「普通零存整取」業務，將當月工資結餘按約定的零存金額人民幣 2,000 元存入零存整取帳戶中。客戶李智民的普通零存整取帳戶到期，櫃員為其辦理銷戶整取業務。

另外，櫃員為李智民開設一卡通零存整取帳戶一個，存期為 1 年，開戶金額為 1,800 元，並且辦理一卡通零存整取帳戶存款人民幣 1,800 元整。當客戶李智民一卡通零存整取帳戶到期後，櫃員為其辦理銷戶手續。

(三) 實驗步驟

操作 1：櫃員為客戶李智民開設普通零存整取帳號一個，開戶存入人民幣 2,000 元整。在左側導航欄中選擇「個人儲蓄」→「零存整取」，點擊界面下方的「普通零存整取開戶」按鈕，屏幕出現普通零存整取開戶的客戶信息填寫窗口，如圖 7-29 所示。

在進行信息錄入時，需注意：

(1)「客戶號」查看之前保存的李智民一卡通客戶號，對應錄入
(2)「存折號」根據櫃員自己從尾箱領取的零存整取存單憑證，選取一張空白的出庫憑證號碼填寫。
(3)「金額」為 2,000 元整。

圖 7-29　普通零存整取開戶

（4）其他錄入內容同上。

操作 2：錄入圖 7-29 的各項內容後，點擊「執行」按鈕，系統會自動跳出操作結果的界面，仔細核對信息，保存生成的客戶普通零存整取帳號，點擊「確定」按鈕，普通零存整取開戶業務流程完成。如圖 7-30 所示。

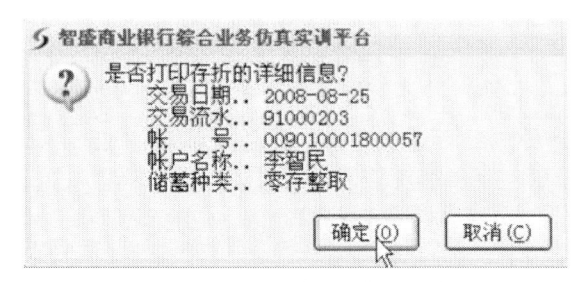

圖 7-30　普通零存整取開戶完成

操作 3：櫃員為客戶李智民在銀行櫃臺辦理「普通零存整取」業務，將其當月工資結餘按約定的零存金額人民幣 2,000 元存入零存整取帳戶中。在左側導航欄中選擇「個人儲蓄」→「零存整取」，點擊界面下方的「普通零存整取存款」按鈕，屏幕出現普通零存整取存款的客戶信息填寫窗口，如圖 7-31 所示。

在進行信息錄入時，需注意：

（1）「憑證輸入方式」在沒有讀取器的情況下選擇「手工輸入」方式。

（2）「帳號」的錄入信息為圖 7-30 所示中保存記錄的帳號。

（3）「存折號」則查看在輸入帳號信息後，上方「帳戶信息」中所顯示的「憑證號碼」。

（4）「金額」為 2,000 元整。

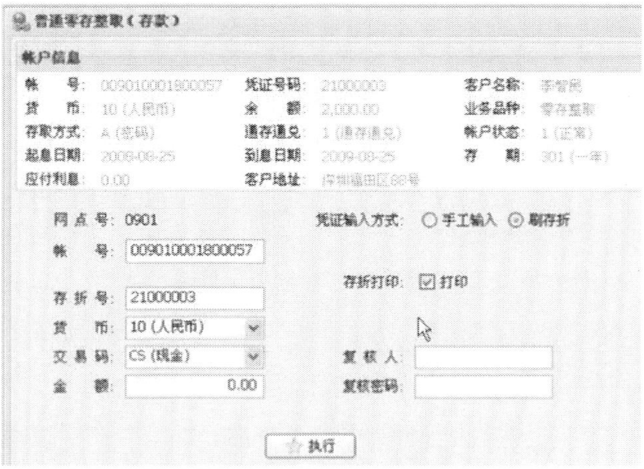

图 7-31　普通零存整取存款業務

（5）其他錄入內容同上。

操作4：錄入上圖各項內容後，點擊「執行」按鈕，系統會自動跳出操作結果的界面，仔細核對信息，點擊「確定」按鈕，普通零存整取存款業務流程完成。

操作5：當客戶李智民的普通零存整取帳戶到期，櫃員為其辦理銷戶整取業務。在左側導航欄中選擇「個人儲蓄」→「零存整取」，點擊界面下方的「普通零存整取銷戶」按鈕，屏幕出現普通零存整取銷戶的客戶信息填寫窗口，如圖7-32所示。

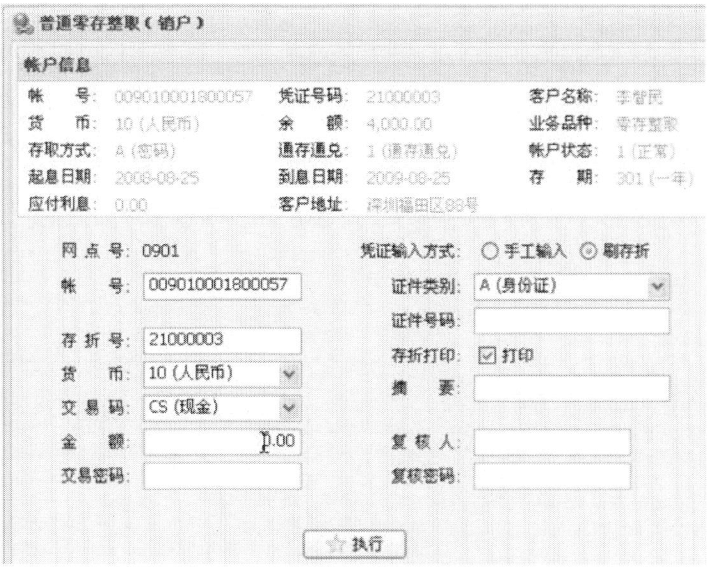

图 7-32　普通零存整取銷戶

在進行信息錄入時，需注意：

(1)「憑證輸入方式」在沒有讀取器的情況下選擇「手工輸入」方式。

(2)「帳號」的錄入信息為圖 7-30 所示中保存記錄的帳號。

(3)「存折號」則查看在輸入帳號信息後，上方「帳戶信息」中所顯示的「憑證號碼」。

(4)「金額」為上方「帳戶信息」中所顯示的「余額」總金額，4,000 元整。

(5) 其他錄入內容同上。

操作 6：錄入圖 7-32 各項內容後，點擊「執行」按鈕，系統會自動跳出操作結果的界面，仔細核對信息，點擊「確定」按鈕，普通零存整取存銷戶業務流程完成。

操作 7：隨後，櫃員為李智民開設「一卡通零存整取」帳戶一個，存期為 1 年，開戶金額為 1,800 元。在左側導航欄中選擇「個人儲蓄」→「零存整取」，點擊界面下方的「一卡通零存整取開戶」按鈕，屏幕出現一卡通零存整取開戶的客戶信息填寫窗口，如圖 7-33 所示。

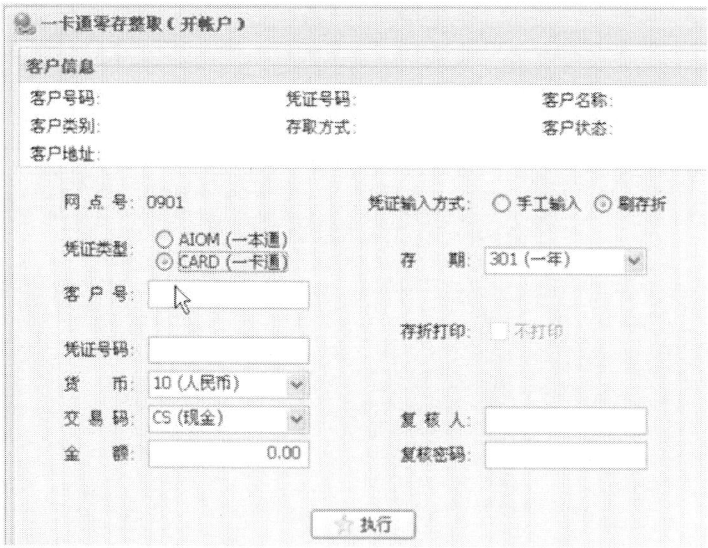

圖 7-33　一卡通零存整取開戶

在進行信息錄入時，需注意：

(1)「憑證輸入方式」在沒有讀取器的情況下選擇「手工輸入」方式。

(2)「憑證類型」根據實際情況選擇「一本通」或者「一卡通」。

(3)「客戶號」填寫客戶開通一卡通的客戶號。

(4)「憑證號碼」根據櫃員自己從尾箱領取的零存整取存單憑證，選取一張空白的出庫憑證號碼填寫。

(5)「金額」填寫 1,800 元整。

操作 8：錄入圖 7-33 的各項內容後，點擊「執行」按鈕，系統會自動跳出操作結果的界面，仔細核對信息，保存生成的客戶一卡通零存整取帳號，點擊「確定」按鈕，一卡通零存整取開戶業務流程完成。如圖 7-34 所示。

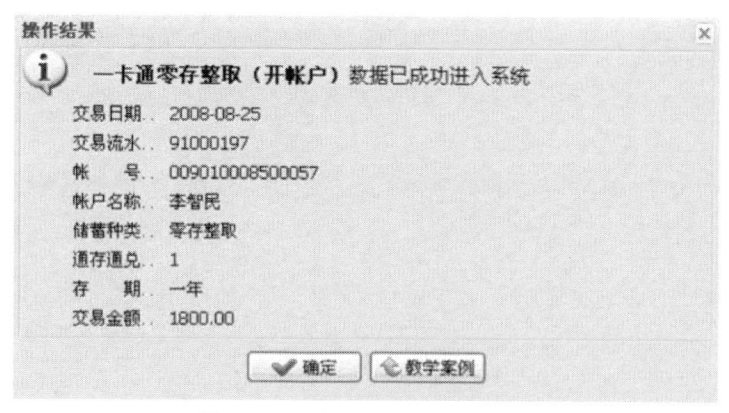

圖 7-34　一卡通零存整取開戶完成

操作 9：櫃員為客戶李智民辦理「一卡通零存整取」帳戶存款人民幣 1,800 元整。在左側導航欄中選擇「個人儲蓄」→「零存整取」，點擊界面下方的「一卡通零存整取存款」按鈕，屏幕出現一卡通零存整取存款的客戶信息填寫窗口，如圖 7-35 所示。

圖 7-35　一卡通零存整取存款

在進行信息錄入時，需注意：
(1)「憑證輸入方式」在沒有讀取器的情況下選擇「手工輸入」方式。
(2)「憑證類型」根據實際情況選擇「一本通」或者「一卡通」。
(3)「客戶號」填寫客戶開通一卡通的客戶號。
(4)「憑證號碼」根據櫃員自己從尾箱領取的零存整取存單憑證，選取一張空白的出庫憑證號碼填寫。
(5)「子戶號」為圖 7-34 中所示帳戶號碼的最后五位數。
(6)「金額」填寫 1,800 元整。

操作 10：錄入上圖各項內容后，點擊「執行」按鈕，系統會自動跳出操作結果的界面，仔細核對信息，點擊「確定」按鈕，一卡通零存整取存款業務流程完成。

操作 11：客戶李智民「一卡通零存整取」帳戶到期，櫃員為其辦理銷戶手續。在左側導航欄中選擇「個人儲蓄」→「零存整取」，點擊界面下方的「一卡通零存整取銷戶」按鈕，屏幕出現一卡通零存整取銷戶的客戶信息填寫窗口，如圖 7-36 所示。

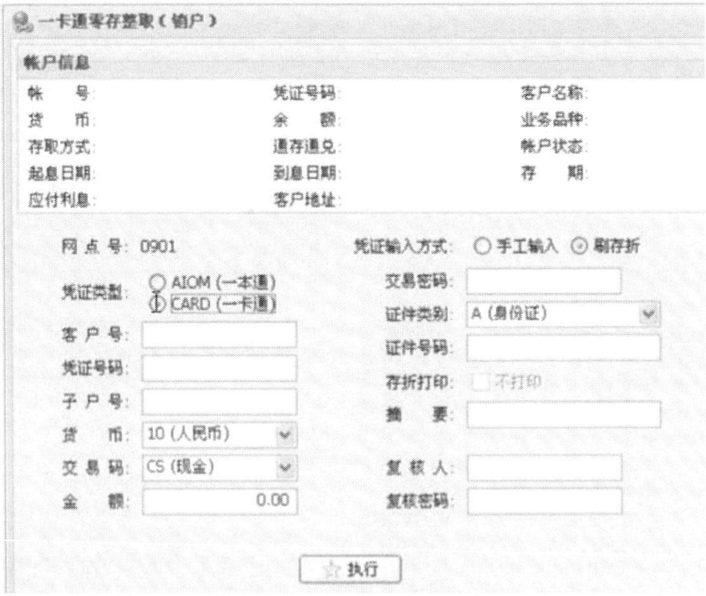

圖 7-36　一卡通零存整取銷戶

在進行信息錄入時，需注意：
(1)「憑證輸入方式」在沒有讀取器的情況下選擇「手工輸入」方式。
(2)「憑證類型」根據實際情況選擇「一本通」或者「一卡通」。
(3)「客戶號」填寫客戶開通一卡通的客戶號。
(4)「憑證號碼」根據圖 7-35 中所填寫的憑證號碼。

（5）「子戶號」為圖 7-34 中所示帳戶號碼的最后五位數。
（6）「金額」為上方「帳戶信息」中所顯示的「余額」總金額。
（7）其他錄入內容同上。

操作 12：錄入圖 7-36 各項內容後，點擊「執行」按鈕，系統會自動跳出操作結果的界面，仔細核對信息，點擊「確定」按鈕，一卡通零存整取銷戶業務流程完成。

（四）個人零存整取業務操作練習

（1）請同學以兩人為一組的形式輪流扮演銀行櫃員和客戶，參照案例自己假設情景，完成普通零存整取的開戶、存款與銷戶業務的操作流程，熟悉每一個步驟。
（2）請同學以兩人為一組的形式輪流扮演銀行櫃員和客戶，參照案例自己假設情景，完成一卡零存整取的開戶、存款與銷戶業務的操作流程，熟悉每一個步驟。

第五節　存本取息業務實驗

（一）實驗目的

（1）瞭解存本取息業務的特點。
（2）掌握存本取息業務的開戶流程及注意事項。
（3）掌握存本取息業務的存款流程及注意事項。
（4）掌握存本取息業務的銷戶流程及注意事項。

（二）實驗案例

客戶李智民現有一筆 10,000 元款項在一年內不需動用，但每月需要該筆款項的利息作為生活費用補貼。針對這種情況，櫃員給李智民介紹「存本取息」的業務，起存金額為人民幣 5,000 元，存款餘額穩定。同時存期選擇可以是一年、三年或者五年，但是不得提前支取利息，如到取息日而未取息，以後可隨時取息，但不計算復息。櫃員建議他將此筆款項以存本取息的方式存入銀行。現為其開設存本取息帳號一個，開戶金額為 10,000 元，存期為一年（輸入存期代碼：301），取息間隔為一個月。客戶號為普通客戶號，存折號為普通存折憑證號。

（三）實驗步驟

操作 1：櫃員現為其開設存本取息帳號一個，左側導航欄中選擇「個人儲蓄」→

「存本取息」,點擊界面下方的「存本取息開戶」按鈕,屏幕出現一卡通零存整取開戶的客戶信息填寫窗口,如圖 7-37 所示。

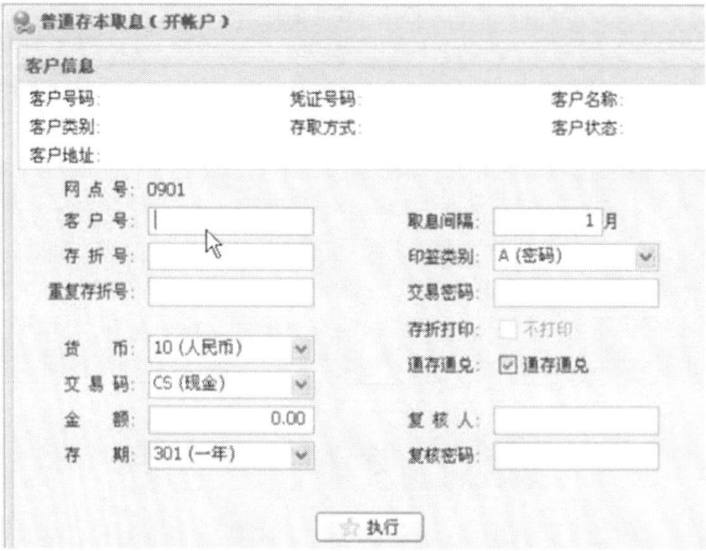

圖 7-37 存本取息開戶

在進行信息錄入時,需注意:
(1)「客戶號」查看之前保存的李智民普通客戶號,對應錄入。
(2)「存折號」根據櫃員自己從尾箱領取的普通存折憑證,選取一張空白的出庫存折憑證號碼填寫。
(3)「取息間隔」為 1 個月。
(4)「金額」為 10,000 元整。
(5)「存期」為 1 年,代碼 301。
(6) 其他錄入內容同上。

操作 2:錄入圖 7-37 各項內容后,點擊「執行」按鈕,系統會自動跳出操作結果的界面,仔細核對信息,保存客戶的帳號信息,然后點擊「確定」按鈕,普通存本取息開戶業務流程完成。

操作 3:客戶李智民的「存本取息」帳號到期,櫃員為其辦理「存本取息」帳戶取款、銷戶手續。左側導航欄中選擇「個人儲蓄」→「存本取息」,點擊界面下方的「存本取息銷戶」按鈕,屏幕出現一卡通零存整取開戶的客戶信息填寫窗口,如圖 7-38 所示。

在進行信息錄入時,需注意:
(1)「帳號」查看操作 2 中保存的客戶帳號,對應錄入。
(2)「存折號」為操作 2 中所使用的存折號。

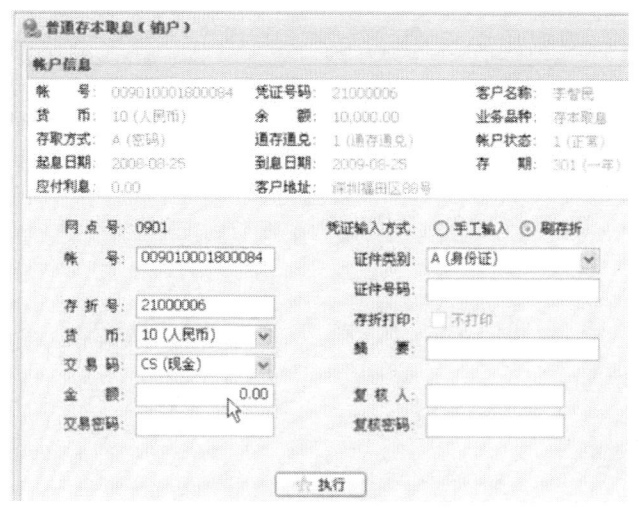

圖 7-38　存本取息銷戶

（3）「金額」查看圖示上方「帳戶信息」中所顯示的「余額」金額10,000元整。
（4）其他錄入內容同上。

操作4：錄入圖7-38的各項內容后，點擊「執行」按鈕，系統會自動跳出操作結果的界面，仔細核對信息，然后點擊「確定」按鈕，普通存本取息開戶業務流程完成。根據顯示的實際利息金額，支付客戶相應利息金額。如圖7-39所示。

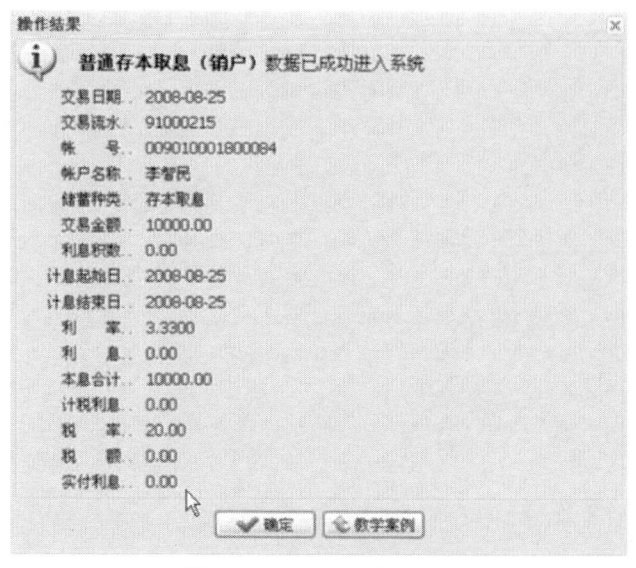

圖 7-39　存本取息銷戶完成

（四）個人存本取息業務操作練習

（1）請同學以兩人為一組的形式輪流扮演銀行櫃員和客戶，參照案例自己假設情景，完成存本取息的開戶和存款操作流程，熟悉每一個步驟。

（2）請同學以兩人為一組的形式輪流扮演銀行櫃員和客戶，參照案例自己假設情景，完成存本取息的取款與銷戶業務操作流程，熟悉每一個步驟。

第六節　通知存款業務實驗

（一）實驗目的

（1）瞭解通知存款業務的特點。
（2）掌握普通通知存款業務的開戶、存款與銷戶操作流程。
（3）掌握一卡通通知存款業務的開戶、存款與銷戶操作流程。

（二）實驗案例

客戶李智民手頭有 180,000 元現金，未來一月內需用此款項採購貨物，但是他覺得辦理活期利息太低，於是向櫃員諮詢合適的業務辦理。櫃員向李智民介紹了通知存款業務。這是一種不約定存期，支取時需提前通知銀行，約定支取日期和金額方能支取的存款。按存款人提前通知的期限長短劃分為一天通知存款和七天通知存款兩個品種。一天通知存款必須提前一天通知約定支取存款，七天通知存款則必須提前七天通知約定支取存款。

相較於其他類型存款，通知存款適用於擁有大額款項、在短期內需支取該款項的客戶，或需分期多次支取的客戶，或短期內不確定取款日期的客戶；利率收益較活期存款高；通過電話銀行、網上銀行、自助查詢終端、網點櫃臺等均可以辦理相關一卡通的通知存款或通知轉帳操作；通知到期日，系統自動將客戶的一卡通中已辦理取款通知的通知存款轉入活期主帳戶，為其節省時間和提高資金利用率；開戶起存金額 5 萬元；最低支取金額為 5 萬元。

客戶李智民決定辦理通知存款業務。

（三）實驗步驟

在進行本實驗操作之前，請確認櫃員已經提前在「通用模塊」中進行了普通存折的領用與該空白憑證的出庫操作，有了相關憑證才能確保本實驗的順利進行。

操作1：櫃員為客戶李智民開設「普通通知存款」帳戶一個，開戶金額為 180,000 元。左側導航欄中選擇「個人儲蓄」→「通知存款」，點擊界面下方的「普通通知存款開戶」按鈕，屏幕出現普通通知存款開戶的客戶信息填寫窗口，如圖 7-40 所示。

圖 7-40　普通通知存款開戶

在進行信息錄入時，需注意：
(1)「客戶號」查看之前保存的李智民的普通客戶號，對應錄入。
(2)「存折號」根據櫃員自己從尾箱領取的普通存折憑證，選取一張空白的出庫存折憑證號碼填寫。
(3)「金額」為 180,000 元整。
(4) 其他錄入內容同上。

操作2：錄入圖 7-40 的各項內容后，點擊「執行」按鈕，系統會自動跳出操作結果的界面，仔細核對信息，保存客戶的帳號信息，然后點擊「確定」按鈕，普通通知存款開戶業務流程完成。如圖 7-41 所示。

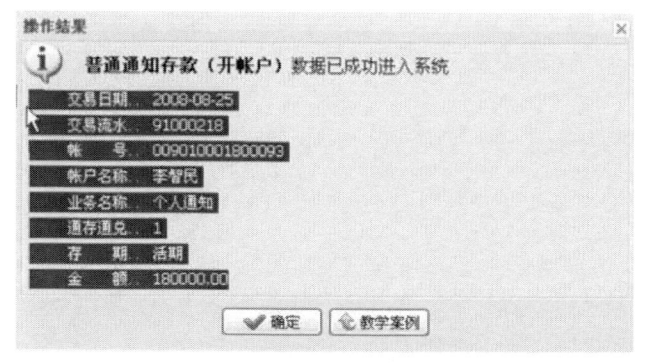

圖 7-41　普通通知存款開戶完成

操作3：期間李智民因為採購貨物，需要現金 50,000 元。櫃員為客戶李智民辦理部分支取業務，支取 50,000 元，通知期為 1 天或 7 天。左側導航欄中選擇「個人儲蓄」→「通知存款」，點擊界面下方的「普通通知存款部分支取」按鈕，屏幕出現普通通知存款部分支取的客戶信息填寫窗口，如圖 7-42 所示。

圖 7-42　普通通知存款部分支取

在進行信息錄入時，需注意：
（1）「憑證輸入方式」在沒有讀取器的情況下選擇「手工輸入」。
（2）「帳號」查看圖 7-41 中所保存的帳號信息。
（3）「存折號」輸入在上方「帳戶信息」裡的「憑證號碼」中所顯示的信息。
（4）「通知期」根據實際客戶辦理情況，選擇 1 天或者 7 天。
（5）「金額」為 50,000 元整。

操作4：錄入圖 7-42 的各項內容后，點擊「執行」按鈕，系統會自動跳出操作結果的界面，仔細核對信息，然后點擊「確定」按鈕，普通通知存款部分支取業務流程完成。

操作5：櫃員為客戶李智民辦理「普通通知存款」帳戶銷戶，將該帳戶余額全部取出，通知期為 1 天或 7 天。左側導航欄中選擇「個人儲蓄」→「通知存款」，點擊界面下方的「普通通知存款銷戶」按鈕，屏幕出現普通通知存款銷戶的客戶信息填寫窗口，如圖 7-43 所示。

在進行信息錄入時，需注意：
（1）「憑證輸入方式」在沒有讀取器的情況下選擇「手工輸入」。

圖 7-43　普通通知存款銷戶

（2）「帳號」查看圖 7-41 中所保存的帳號信息。
（3）「存折號」輸入為上方「帳戶信息」裡的「憑證號碼」中所顯示的信息。
（4）「金額」輸入為上方「帳戶信息」裡的「余額」中所顯示的 130,000 元整。
（5）需要注意的是，如果銀行櫃員辦理取款或銷戶業務金額超過 50,000 元時，需要輸入其他櫃員的櫃員編號及密碼進行復核。
（6）其他錄入內容同上。

操作 6：錄入圖 7-43 各項內容后，點擊「執行」按鈕，系統會自動跳出操作結果的界面，仔細核對信息，然后點擊「確定」按鈕，普通通知存款部分支銷戶業務流程完成。

操作 7：櫃員為客戶李智民辦理「一卡通通知存款」開戶業務，開戶金額為 60,000 元。左側導航欄中選擇「個人儲蓄」→「通知存款」，點擊界面下方的「一卡通通知存款開戶」按鈕，屏幕出現一卡通通知存款開戶的客戶信息填寫窗口，如圖 7-44 所示。

在進行信息錄入時，需注意：
（1）「憑證輸入方式」在沒有讀取器的情況下選擇「手工輸入」。
（2）「憑證類型」根據實際情況選擇「一本通」或者「一卡通」。
（3）「客戶號」根據之前開戶一卡通時的客戶號填寫。
（4）「憑證號碼」根據輸入客戶號后，上方「客戶信息」裡「憑證號碼」所顯示的信息錄入。

圖 7-44　一卡通通知存款開戶

(5)「金額」輸入 60,000 元。

(6) 其他錄入內容同上。

操作 8：錄入圖 7-44 的各項內容后，點擊「執行」按鈕，系統會自動跳出操作結果的界面，仔細核對信息，保存客戶的帳號信息，然后點擊「確定」按鈕，一卡通通知存款開戶業務流程完成。如圖 7-45 所示。

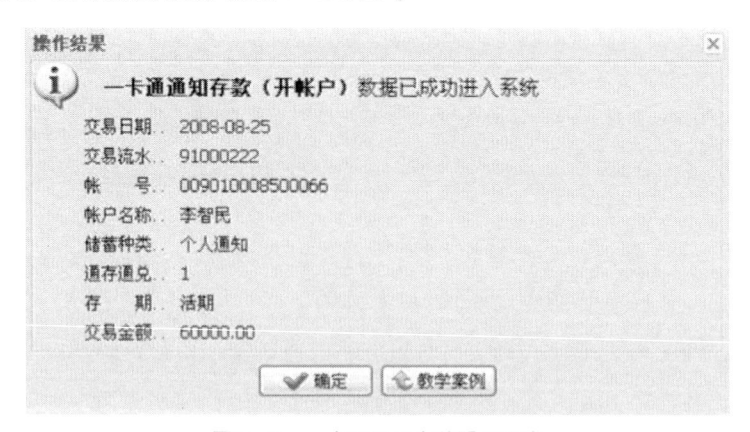

圖 7-45　一卡通通知存款開戶完成

操作 9：期間客戶李智民前來銀行櫃臺辦理「一卡通通知存款」部分支取業務，支取金額為 50,000 元，通知期為 1 天或 7 天。左側導航欄中選擇「個人儲蓄」→「通知存款」，點擊界面下方的「一卡通通知存款部分支取」按鈕，屏幕出現一卡通

通知存款部分支取的客戶信息填寫窗口，如圖 7-46 所示。

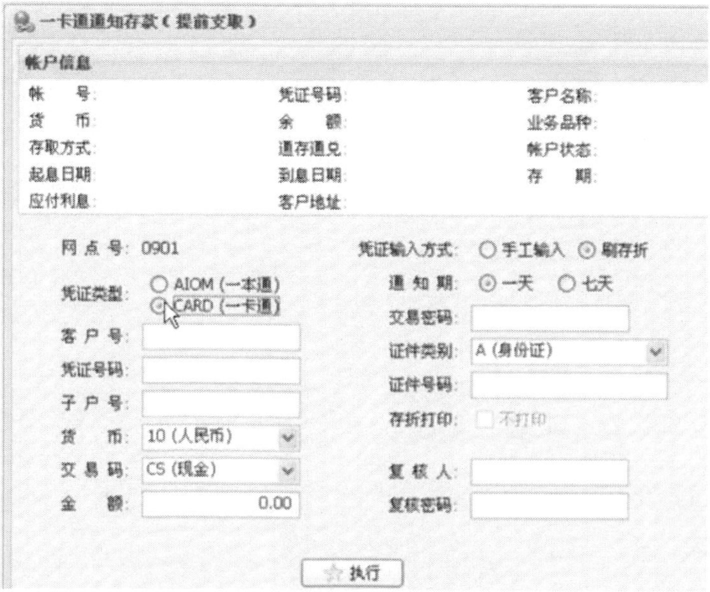

圖 7-46　一卡通通知存款部分支取

在進行信息錄入時，需注意：
(1)「憑證輸入方式」在沒有讀取器的情況下選擇「手工輸入」。
(2)「憑證類型」根據實際情況選擇「一本通」或者「一卡通」。
(3)「客戶號」根據之前開戶一卡通時的客戶號填寫。
(4)「憑證號碼」根據圖 7-44 所示的一卡通通知存款開戶中所輸入的憑證號碼填寫。
(5)「子戶號」為圖 7-45 所示的一卡通通知存款開戶完成中的帳號最后五位數。
(6)「金額」為 50,000 元整。
(7) 其他錄入內容同上。

操作 10：錄入圖 7-46 的各項內容后，點擊「執行」按鈕，系統會自動跳出操作結果的界面，仔細核對信息，然后點擊「確定」按鈕，一卡通通知存款部分支取業務流程完成。

操作 11：客戶李智民需要將一卡通通知存款帳戶中的全部金額取出，櫃員為其辦理「一卡通通知存款銷戶」手續，將該帳戶余額全部取出，通知期為 1 天或 7 天。左側導航欄中選擇「個人儲蓄」→「通知存款」，點擊界面下方的「一卡通通知存款銷戶」按鈕，屏幕出現一卡通通知存款銷戶的客戶信息填寫窗口，如圖 7-47 所示。

在進行信息錄入時，需注意：

圖 7-47　一卡通通知存款銷戶

(1) 除了「金額」這一項，其他項目的所填信息與圖 7-46 中的信息一致。
(2)「金額」為上方「帳戶信息」中的「余額」數目。

操作 12：錄入圖 7-47 的各項內容后，點擊「執行」按鈕，系統會自動跳出操作結果的界面，仔細核對信息，然后點擊「確定」按鈕，一卡通通知存款部分銷戶業務流程完成。

(四) 個人消費貸款業務操作練習

(1) 請同學以兩人為一組的形式輪流扮演銀行櫃員和客戶，參照案例自己假設情景，完成普通通知存款的開戶、部分支取與銷戶操作流程，熟悉每一個步驟。
(2) 請同學以兩人為一組的形式輪流扮演銀行櫃員和客戶，參照案例自己假設情景，完成一卡通通知存款的開戶、部分支取與銷戶操作流程，熟悉每一個步驟。

第七節　教育儲蓄業務實驗

（一）實驗目的

（1）瞭解教育儲蓄業務的特點。
（2）掌握普通教育儲蓄的開戶、存款與銷戶的流程操作與注意事項。
（3）掌握一卡通教育儲蓄的開戶、存款與銷戶的流程操作與注意事項。

（二）實驗案例

客戶李智民有一個12歲的女兒，考慮到將來女兒可能要出國留學，就一直想為女兒做一筆單獨的存款，於是到銀行進行諮詢。櫃員為李智民介紹教育儲蓄業務。教育儲蓄是一種城鄉居民為其本人或其子女接受非義務教育（指九年義務教育之外的全日制高中、大中專、大學本科、碩士和博士研究生）積蓄資金的一種儲蓄存款，只要小孩是在校小學四年級（含四年級）以上學生，都能為其開辦戶名。教育儲蓄採用零存整取的方式，逐月存入，存期可選擇一年、三年、六年，免收利息稅，每月約定最低起存金額為人民幣50元，本金合計最高限額為人民幣2萬元。

結合自身實際家庭情況，李智民選擇讓櫃員為自己開立普通教育儲蓄帳戶一個，開戶金額為1,000元，存期為1年。

（三）實驗步驟

在進行本實驗操作之前，請確認櫃員已經提前在「通用模塊」中進行了普通存折的領用與該空白憑證的出庫操作，有了相關憑證才能確保本實驗的順利進行。

操作1：櫃員為客戶李智民開設「普通通知存款」帳戶一個，開戶金額為1,000元。左側導航欄中選擇「個人儲蓄」→「教育儲蓄」，點擊界面下方的「普通教育儲蓄開戶」按鈕，屏幕出現普通教育儲蓄開戶的客戶信息填寫窗口，如圖7-48所示。

圖 7-48　普通教育儲蓄開戶

在進行信息錄入時，需注意：
（1）「客戶號」查看之前保存的李智民普通客戶號，對應錄入。
（2）「存折號」根據櫃員自己從尾箱領取的普通存折憑證，選取一張空白的出庫存折憑證號碼填寫。
（3）「金額」為 1,000 元整。
（4）「存期」根據實際客戶需求選擇錄入。
（5）其他錄入內容同上。

操作 2：錄入圖 7-48 的各項內容後，點擊「執行」按鈕，系統會自動跳出操作結果的界面，仔細核對信息，保存客戶的帳號信息，然后點擊「確定」按鈕，普通教育儲蓄開戶業務流程完成。如圖 7-49 所示。

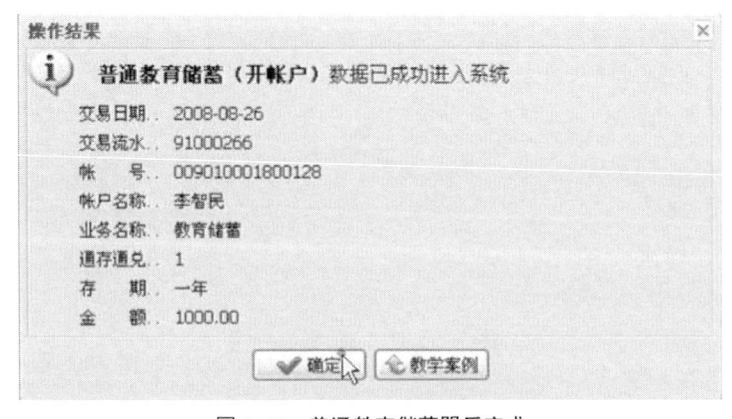

圖 7-49　普通教育儲蓄開戶完成

操作 3：櫃員為客戶李智民辦理「普通教育儲蓄」存款業務，存入現金人民幣 500 元整。

左側導航欄中選擇「個人儲蓄」→「教育儲蓄」，點擊界面下方的「普通教育儲蓄存款」按鈕，屏幕出現普通教育儲蓄存款的客戶信息填寫窗口，如圖 7-50 所示。

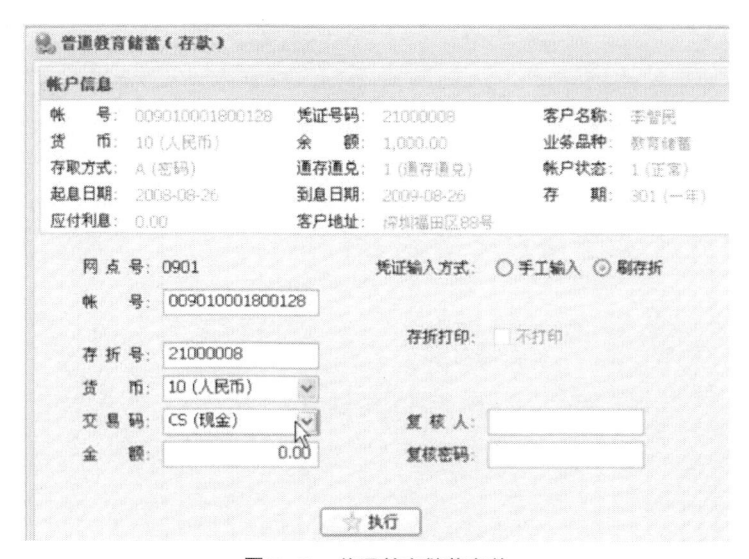

圖 7-50　普通教育儲蓄存款

在進行信息錄入時，需注意：
(1)「憑證輸入方式」在沒有讀取器的情況下選擇「手工輸入」。
(2)「帳號」查看圖 7-49 中所保存的帳號信息。
(3)「存折號」輸入為上方「帳戶信息」裡的「憑證號碼」中所顯示的信息。
(4)「金額」為 500 元整。
(5) 其他錄入內容同上。

操作 4：錄入圖 7-50 的各項內容后，點擊「執行」按鈕，系統會自動跳出操作結果的界面，仔細核對信息，然后點擊「確定」按鈕，普通教育儲蓄存款業務流程完成。

操作 5：櫃員為客戶李智民辦理「普通教育儲蓄」帳戶銷戶處理業務。左側導航欄中選擇「個人儲蓄」→「教育儲蓄」，點擊界面下方的「普通教育儲蓄銷戶」按鈕，屏幕出現普通教育儲蓄銷戶的客戶信息填寫窗口，如圖 7-51 所示。

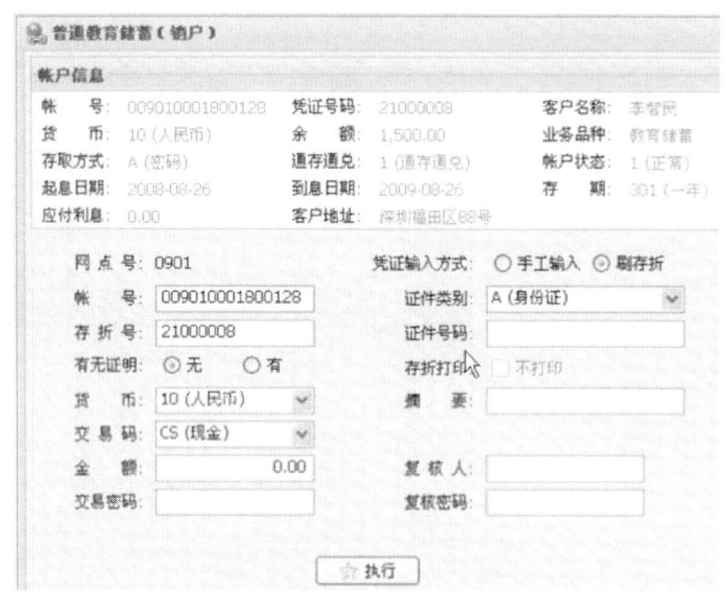

圖 7-51　普通教育儲蓄銷戶

在進行信息錄入時，需注意：
(1)「憑證輸入方式」在沒有讀取器的情況下選擇「手工輸入」。
(2)「帳號」查看圖 7-49 中所保存的帳號信息。
(3)「存摺號」輸入為上方「帳戶信息」裡的「憑證號碼」中所顯示的信息。
(4)「金額」為上方「帳戶信息」中「余額」顯示的 1,500 元整。
(5) 其他錄入內容同上。

操作 6：錄入圖 7-51 的各項內容后，點擊「執行」按鈕，系統會自動跳出操作結果的界面，仔細核對信息，然后點擊「確定」按鈕，普通教育儲蓄銷戶業務流程完成。

操作 7：櫃員為客戶李智民開立「一卡通教育儲蓄」帳戶一個，開戶金額為 1,500 元，存期為 2 年。左側導航欄中選擇「個人儲蓄」→「教育儲蓄」，點擊界面下方的「一卡通教育儲蓄開戶」按鈕，屏幕出現一卡通教育儲蓄開戶的客戶信息填寫窗口，如圖 7-52 所示。

圖 7-52　一卡通教育儲蓄開戶

在進行信息錄入時，需注意：
（1）「憑證輸入方式」在沒有讀取器的情況下選擇「手工輸入」。
（2）「憑證類型」根據實際情況選擇「一本通」或者「一卡通」。
（3）「客戶號」根據之前開戶一卡通時的客戶號填寫。
（4）「憑證號碼」根據輸入客戶號后，上方「客戶信息」裡「憑證號碼」所顯示的信息錄入。
（5）「金額」輸入 1,500 元。
（6）「存期」根據案例實際情況選擇兩年。
（7）其他錄入內容同上。

操作 8：錄入圖 7-52 的各項內容后，點擊「執行」按鈕，系統會自動跳出操作結果的界面，仔細核對信息，保存客戶的帳號信息，然后點擊「確定」按鈕，一卡通教育儲蓄開戶業務流程完成。如圖 7-53 所示。

圖 7-53　一卡通教育儲蓄開戶完成

操作 9：櫃員為客戶李智民辦理「一卡通教育儲蓄」存款業務，存入現金人民幣 300 元整。左側導航欄中選擇 個人儲蓄 → 教育儲蓄 ，點擊界面下方的 「一卡通教育儲蓄存款」按鈕，屏幕出現一卡通教育儲蓄存款的客戶信息填寫窗口，如圖 7-54 所示。

圖 7-54　一卡通教育儲蓄存款

在進行信息錄入時，需注意：
(1)「憑證輸入方式」在沒有讀取器的情況下選擇「手工輸入」。
(2)「憑證類型」根據實際情況選擇「一本通」或者「一卡通」。
(3)「客戶號」根據之前開戶一卡通時的客戶號填寫。
(4)「憑證號碼」根據圖 7-52 所示的一卡通教育儲蓄開戶中所輸入的憑證號碼填寫。
(5)「子戶號」為圖 7-53 所示的一卡通教育儲蓄開戶完成中的帳號最后五位數。
(6)「金額」為 300 元整。
(7) 其他錄入內容同上。

操作 10：錄入圖 7-54 的各項內容后，點擊「執行」按鈕，系統會自動跳出操作結果的界面，仔細核對信息，然后點擊「確定」按鈕，一卡通教育儲蓄存款業務流程完成。

操作 11：櫃員為客戶李智民辦理「一卡通教育儲蓄」帳戶銷戶處理業務，將該帳戶余額全部取出，通知期為 1 天或 7 天。左側導航欄中選擇 個人儲蓄 → 教育儲蓄 ，點擊界面下方的「一卡通教育儲蓄銷戶」按鈕，屏幕出現一卡通教育

儲蓄銷戶的客戶信息填寫窗口，如圖 7-55 所示。

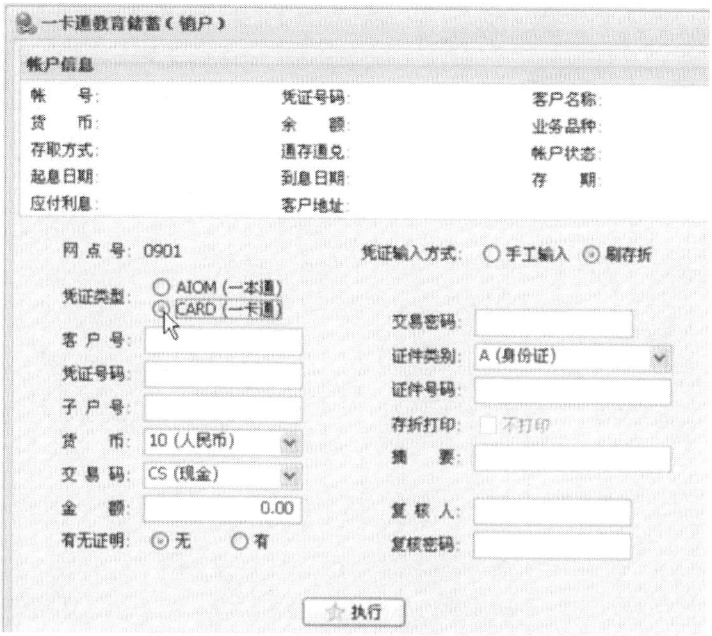

圖 7-55　一卡通教育儲蓄銷戶

在進行信息錄入時，需注意：
(1) 除了「金額」這一項，其他項目的所填信息與圖 7-46 中的信息一致。
(2)「金額」為上方「帳戶信息」中「餘額」顯示的 1,800 元整。

操作 12：錄入上圖各項內容后，點擊「執行」按鈕，系統會自動跳出操作結果的界面，仔細核對信息，然后點擊「確定」按鈕，一卡通教育儲蓄銷戶業務流程完成。

(四) 個人教育儲蓄業務操作練習

(1) 請同學以兩人為一組的形式輪流扮演銀行櫃員和客戶，參照案例，自己假設情境，完成普通教育儲蓄的開戶、部分支取與銷戶操作流程，熟悉每一個步驟。
(2) 請同學以兩人為一組的形式輪流扮演銀行櫃員和客戶，參照案例，自己假設情境，完成一卡通教育儲蓄的開戶、部分支取與銷戶操作流程，熟悉每一個步驟。

第八節　個人支票業務實驗

(一) 實驗目的

(1) 瞭解個人支票業務的特點。
(2) 掌握支票的開戶與預開戶操作流程和注意事項。
(3) 掌握支票的存款與取款操作流程和注意事項。
(4) 掌握支票的結清與銷戶操作流程和注意事項。

(二) 實驗案例

客戶李智民是個體戶，經常需支付大額款項採購貨物，有時限於供應商硬件條件限制，無法刷卡交易。為了解決這個問題，李智民來到銀行向櫃員諮詢相關業務。櫃員向李智民介紹「個人支票」是個人簽發的，委託辦理支票存款業務的銀行，在見票時無條件支付確定的金額給收款人或者持票人的票據。這種票據屬於簽即付，不受商戶硬件條件限制，也無須找贖，既是個人信用的體現，又可提高自身信用價值。

於是李智民決定開通「個人支票」帳戶，方便大額現金支付。櫃員為其開設普通支票帳戶一個，開戶金額為 30,000 元，客戶號為普通客戶號，印簽類別為：印簽。隨后櫃員為客戶李智民辦理普通支票帳戶存款業務，向其之前開設的普通支票帳戶中存入人民幣 38,000 元整。

在李智民需要簽發支票的時候，櫃員再為其辦理支票的出售服務，讓李智民能隨時方便簽發個人支票。

日后某天，持票人（供貨商）持李智民簽發的 1,000 元支票到銀行來要求兌付現金，櫃員見票付款，經驗證該支票真偽后將現金支付給持票人。

最后，客戶李智民要將之前要開設的個人支票帳戶銷戶，他需要先對該帳戶提出結清申請，方可銷戶。普通支票的銷戶處理，包含三個步驟，即帳戶結清—取款—銷戶。

(三) 實驗步驟

在進行本實驗操作之前，請確認櫃員已經提前在「通用模塊」中進行了普通支票的領用與該空白支票的出庫操作，有了相關憑證才能確保本實驗的順利進行。注意事項：支票的領取與其他憑證不同，必須是整本領取，為 25 張。

操作 1：櫃員為其開設普通支票帳戶一個，開戶金額為 30,000 元，客戶號為普通客戶號，印鑒類別為印鑒。左側導航欄中選擇「個人儲蓄」→「普通支票」，點擊

界面下方的「開戶」按鈕(「支票帳戶開戶」與「支票帳戶預開戶」的區別只是預開戶時不需要存入現金,其他辦理流程沒有區別),屏幕出現普通支票開戶的客戶信息填寫窗口,如圖 7-56 所示。

圖 7-56　普通支票開戶

在進行信息錄入時,需注意:
(1)「客戶號」查看之前保存的李智民普通客戶號,對應錄入。
(2)「金額」為 30,000 元整。
(3)「印簽類別」選擇印簽。

操作 2:錄入圖 7-56 的各項內容后,點擊「執行」按鈕,系統會自動跳出操作結果的界面,仔細核對信息,保存客戶的帳號信息,然后點擊「確定」按鈕,普通支票開戶業務流程完成。如圖 7-57 所示。

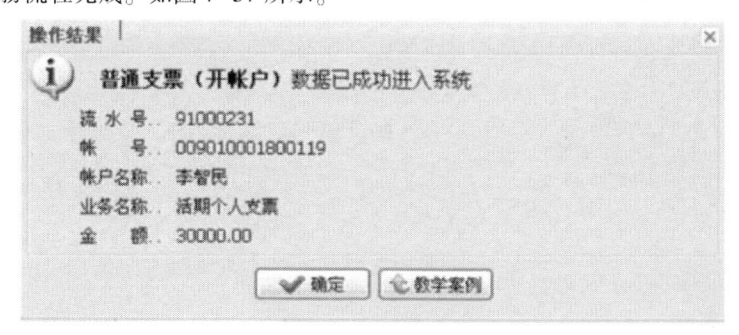

圖 7-57　普通支票開戶

操作3：櫃員為客戶李智民辦理普通支票帳戶存款業務，向其之前開設的普通支票帳戶中存入人民幣 38,000 元整。在左側導航欄中選擇「個人儲蓄」→「普通支票」，點擊界面下方的「存款」按鈕，屏幕出現普通支票開戶的客戶信息填寫窗口，如圖 7-58 所示。

圖 7-58 普通支票開戶

在進行信息錄入時，需注意：
(1)「帳號」為圖 7-57 中保留的帳號。
(2)「金額」為 38,000 元整。

操作4：錄入圖 7-58 的各項內容後，點擊「執行」按鈕，系統會自動跳出操作結果的界面，仔細核對信息，然后點擊「確定」按鈕，普通支票存款業務流程完成。

操作5：櫃員已經為客戶李智民開設了支票帳戶，現在李智民需要向銀行購買支票後才能夠在日常事務中簽發個人支票。銀行櫃員需要將之前已出庫的 25 張支票出售給李智民，支票的費用為 1 元/張，系統會自動從李智民的個人支票帳戶中扣除此費用。在左側導航欄中選擇「通用模塊」→「憑證管理」，點擊界面下方的「支票出售」按鈕，屏幕出現支票出售的客戶信息填寫窗口，如圖 7-59 所示。

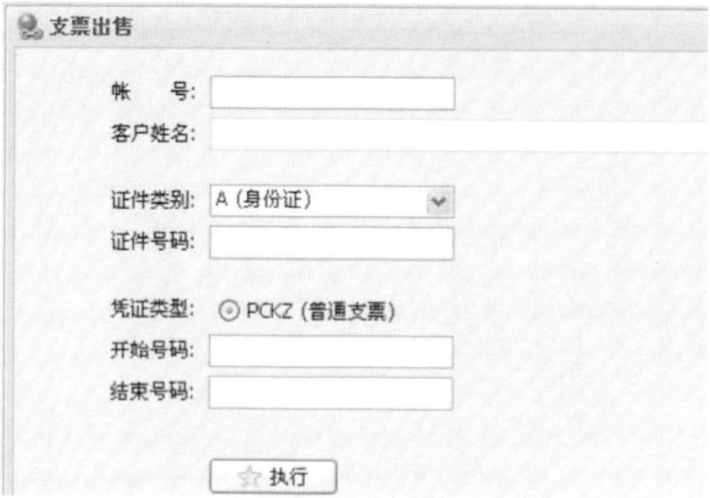

圖 7-59 普通支票出售

在進行信息錄入時，需注意：
(1)「帳號」為圖 7-57 中保留的帳號。
(2)「客戶姓名」為李智民。
(3)「開始號碼」到「結束號碼」的起始號為 25 的倍數加 1，終止號為 25 的倍數。因為支票出售張數必須為 25 的倍數，即支票必須整本領用。

操作 6：錄入圖 7-59 的各項內容后，點擊「執行」按鈕，系統會自動跳出操作結果的界面，仔細核對信息，然后點擊「確定」按鈕，普通支票出售業務流程完成。

操作 7：客戶李智民簽發了一張個人支票用於支付貨款，票面金額為人民幣 1,000 元整，持票人（供貨商）持該支票到銀行來要求兌付現金，櫃員見票付款，經驗證該支票真偽后將現金支付給持票人。在左側導航欄中選擇「個人儲蓄」→「普通支票」，點擊界面下方的「取款」按鈕，屏幕出現普通支票取款的客戶信息填寫窗口，如圖 7-60 所示。

在進行信息錄入時，需注意：
(1)「帳號」為圖 7-57 中普通支票開戶中保留的帳號。
(2)「支票號碼」為持票人提交的支票上面的號碼。
(3)「金額」為 1,000 元整。

操作 8：錄入圖 7-60 各項內容后，點擊「執行」按鈕，系統會自動跳出操作結果的界面，仔細核對信息，然后點擊「確定」按鈕，普通支票出售業務流程完成。

操作 9：李智民在取消支票帳戶之前來辦理支票結清的手續，櫃員應該告知他需要先對該帳戶提出結清申請，方可銷戶。結清時，系統自動按當天該存款種類的掛牌利

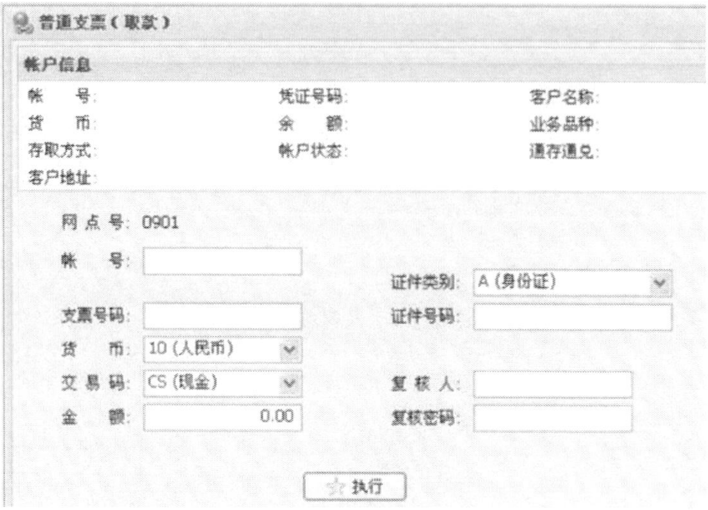

圖 7-60　支票取款

率進行計息，把利息轉入活期帳戶。在左側導航欄中選擇「個人儲蓄」→「普通支票」，然后點擊界面下方的「結清」按鈕，屏幕出現普通支票結清的客戶信息填寫窗口，如圖 7-61 所示。

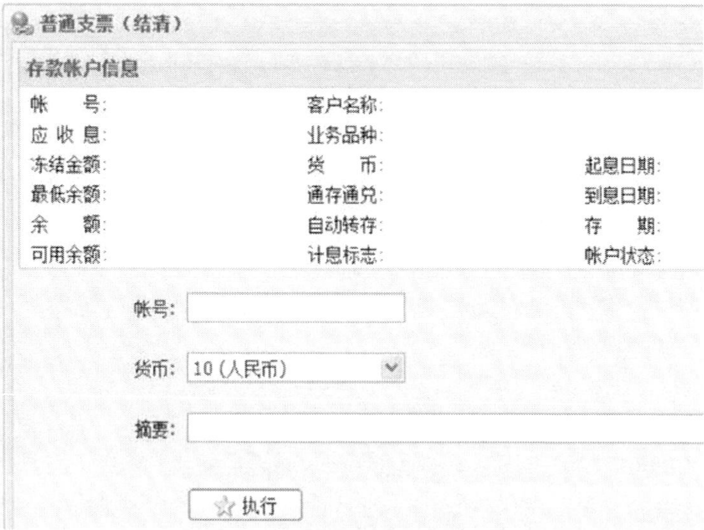

圖 7-61　支票結清

在進行信息錄入時，需注意：
(1)「帳號」為圖 7-57 中普通支票開戶中保留的帳號。
(2) 錄入「帳號」后，可以查看上方的「存款帳戶信息」裡的各項內容，核對內

容是否相符。

（3）「摘要」一項註明原因是「帳戶結清」。

操作10：錄入圖7-61的各項內容后，點擊「執行」按鈕，系統會自動跳出操作結果的界面，仔細核對信息，然后點擊「確定」按鈕，普通支票結清業務流程完成。

操作11：因為帳戶結清后當日必須進行銷戶，否則平帳時無法通過。於是櫃員對客戶李智民之前已結清的支票帳戶進行銷戶操作。左側導航欄中選擇「個人儲蓄」→「普通支票」，點擊界面下方的「銷戶」按鈕，屏幕出現普通支票結清的客戶信息填寫窗口，如圖7-62所示。

圖7-62 支票銷戶

在進行信息錄入時，需注意：
（1）「帳號」為圖7-57中保留的帳號。
（2）「結算金額」為輸入帳號后，上方的「帳戶信息」中所顯示的「余額」金額信息。

操作12：錄入圖7-62的各項內容后，點擊「執行」按鈕，系統會自動跳出操作結果的界面，仔細核對信息，然后點擊「確定」按鈕，普通支票銷戶業務流程完成。

（四）個人支票業務操作練習

請同學以三人為一組的形式輪流扮演銀行櫃員、客戶和持票人，參照案例自己假設情景，完成個人支票業務的開戶、存款、取款、結清與銷戶操作流程，熟悉每一個步驟。

第八章 個人貸款業務

個人貸款業務又稱零售貸款業務，是指貸款人（商業銀行）向符合條件的自然人發放的用於個人消費、生產經營、教育、旅遊等的本外幣貸款。在中國現今的銀行業中，個人貸款業務初步形成了以個人住房貸款為主體，個人汽車貸款、個人教育貸款、個人經營類貸款等多品種共同發展的貸款體系。個人貸款業務屬於商業銀行貸款業務的一部分，其借貸合同關係的一方主體是銀行，另一方主體是個人，這是個人貸款業務與公司貸款（對公貸款業務）的重要區別。

本模塊的實驗內容主要涉及個人消費類貸款（包括住房按揭貸款、汽車消費貸款、大宗耐用消費品貸款、旅遊消費貸款等）以及個人助學貸款兩大類主流個人貸款業務的櫃臺操作流程，而非信貸部門的調查審批流程。目的在於讓學生瞭解個人貸款合同在信貸部門審批下來之後，是如何在櫃臺業務中進行新增合同錄入與管理、個人貸款發放、個人貸款調息、提前還貸等業務操作，並從模擬軟件實訓操作的過程中熟悉商業銀行個人貸款業務的運作模式。

第一節 個人消費貸款實驗

（一）實驗目的

（1）掌握個人消費貸款的概念以及常見的個人消費貸款業務種類。
（2）熟悉個人消費貸款合同項目的主要內容，並能熟練進行新增貸款合同錄入操作。
（3）熟悉個人消費貸款的發放流程及注意事項。
（4）熟悉個人消費貸款的利息調節操作，並瞭解中國央行近期基準存貸款利率變動情況。
（5）掌握個人客戶提前部分還貸與提前全部還貸的業務區別和操作流程。

（二）實驗案例

客戶李智民購買住戶，到本行辦理住房按揭貸款，住房貸款申請已被本行信貸部

門審核批准。要求櫃員為李智民新建消費貸款合同管理，貸款借據號為15位數，存款帳號為李智民在本支行開設的個人活期存款帳戶（帳戶號：0090,1000,1800,137），貸款類別為「中長期住房按揭貸款」，貸款金額為80,000元，貸款月利率為6.79‰，還款日期1年以上，貸款用途為樓房，經營商帳戶為房產商在本支行開立的對公活期存款帳戶，提保方式為抵押。存款帳戶為本行個人活期存款帳戶，經營商帳戶為在本行開戶的對公活期存款帳戶（帳戶號：5090,1000,1201,018）。在完成個人住房按揭貸款合同錄入之後，請為李智民發放住房貸款。

由於本次貸款過程中，央行上調基準存貸款利率，銀行櫃員在年初（1月1日）將李智民的個人消費貸款月利率由6.79‰調整到7.37‰。

還款過程中，客戶李智民因為有充裕的資金，想提前償還貸款本金10,000元，櫃員為其辦理提前部分還款業務。隨後，客戶李智民想提前全部還清所欠貸款餘額70,000元，要求櫃員為其辦理提前全部還貸業務。

（三）實驗步驟

實驗準備：在進行本實驗操作之前，確保客戶李智民已在本行開立個人活期存款帳戶（具體實驗操作詳見第七章，第一節），以及確保向李智民銷售住房的房產商也已在本行開立對公活期存款帳戶（具體實驗操作詳見第九章，第一節）。

操作1：使用對公業務用戶編號登錄商業銀行綜合業務仿真實訓平臺，在左側導航欄中選擇「個人貸款」→「消費貸款合同管理」，點擊界面上方的「新增」按鈕，出現新增個人貸款合同窗口，如圖8-1所示。

圖8-1　新增個人貸款合同

操作2：根據案例中客戶李智民的相關帳戶信息以及個人貸款信息進行錄入。錄入時需注意：

（1）「貸款借據號」按統一編排格式錄入，一共15位數，包括4位年號、2位行號、2位貸款類別、5位貸款合同順序號，以及2位借據號。

（2）「存款帳戶」為該貸款人在銀行任一網點所開立的儲蓄活期存款帳號，回車后顯示對應「帳戶名稱」。本案例中，李智民的存款帳號為0090,1000,1800,137。

（3）「貸款類別」下拉選項中，選擇客戶要求的貸款類別，在本案例中，即選擇「911（中長期住房按揭貸款）」。

（4）「經營商帳戶」為住房經銷商在本銀行開立的對公活期存款帳戶的存款帳號，同樣為15位數，按統一編排格式錄入，若不記得帳號號碼，可使用軟件的「信息查詢」→「帳戶查詢」→「表內帳戶綜合查詢」對已開戶經銷商進行帳戶號查詢。

（5）「貸款金額」按客戶要求貸款額度如實填寫。

（6）「貸款利率」和「還款日期」必須與「貸款類別」相一致。在本案例中，貸款類別為中長期住房按揭貸款，要求月利率為6.79‰，要求還款日期為1年以上。

（7）「還款方式」包括「0（一次性償還）」「1（等額償還）」「2（遞減償還）」。所謂等額償還，是指等額本息還款法，即把按揭貸款的本金總額與利息總額相加，然后平均分攤到還款期限的每個月中，每個月的還款額是固定的。所謂遞減償還，是指等額本金還款法，即貸款人將本金分攤到每個月內，同時付清上一交易日至本次還款日之間的利息，是一種前期支付的本金和利息較多，還款負擔逐月遞減的一種還款方式。在本案例中，選擇「2（遞減償還）」。

（8）「利息償還方式」包括「0（借貸人償還）」「1（第三方償還）」。在本案例中，當貸款為電腦等無息貸款時選擇「1（第三方償還）」，此種方式由經銷商償還利息。

（9）「收息帳號」在「利息償還方式」選擇第三方償還時錄入經銷商的收息帳號，即和前面錄入的經銷商帳戶為同一帳號。

（10）「擔保方式」包括「1（擔保）」「2（抵押）」「3（質押）」。在本案例中，選擇「2（抵押）」。

按上述方式填寫的新增個人消費貸款合同錄入情況如圖8-2所示，錄入完畢后，點擊「執行」按鈕，則將貸款合同錄入成功，並在個人消費貸款借據管理界面中顯示相關條目，如圖8-3所示。

操作3：櫃臺人員為客戶錄入貸款合同信息后，即可按合同要求為客戶辦理個人消費貸款的發放。點擊左側導航欄中的「個人貸款」→「個人貸款發放」，右側則顯示為個人貸款發放信息填寫界面，如圖8-4所示。

操作4：按圖8-4的表單項目填寫貸款發放信息。

（1）「借據號」應與操作2中錄入的15位數貸款合同借據號一致。

（2）「分析碼」為銀行系統內部校檢碼，為任意三位阿拉伯數字，無任何業務含義。

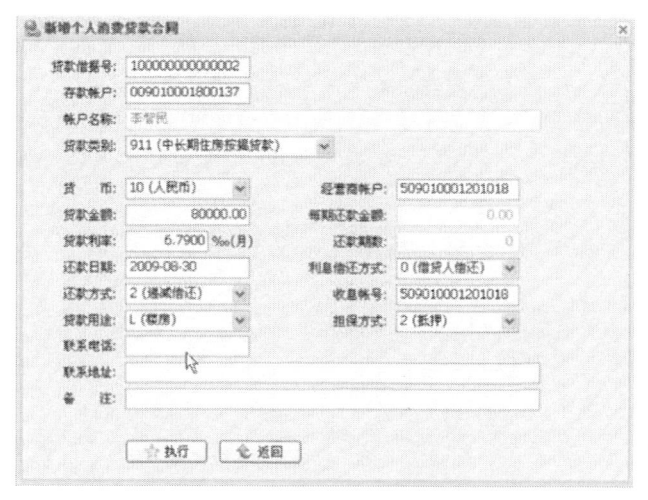

圖 8-2　新增個人消費貸款合同

圖 8-3　個人消費貸款借據管理

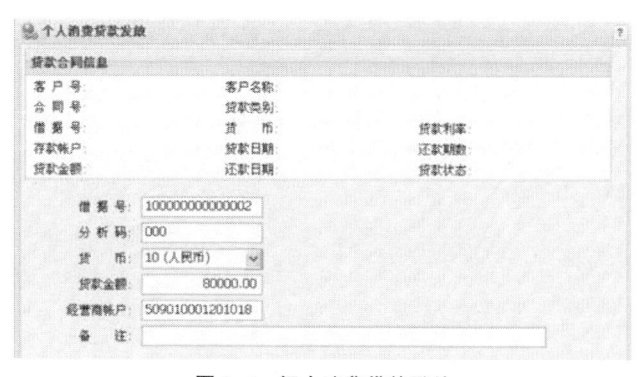

圖 8-4　個人消費貸款發放

（3）「貨幣」選擇「10（人民幣）」，如果是其他非本幣貸款，則在下拉框中進行選擇，本系統支持港幣、美元、日元貸款。

（4）「貸款金額」按合同錄入金額填寫，在本案例中，貸款金額為80,000元。

（5）「經銷商帳戶」應與操作2中錄入的住房經銷商帳戶號保持一致。

錄入完畢后，點擊「執行」，若錄入信息正確，則系統會彈出操作結果提示操作成功，如圖8-5所示。其中，操作結果窗口中顯示的貸款利率為年利率，即錄入時使用的月利率×12=6.79‰×12=8.148‰，並且系統會按照利率與還款期數自動算出每期還款金額。

操作成功后，系統會根據貸款借據發放貸款，發放的貸款通過業務週轉金直接轉入相應的儲蓄帳戶，並從該儲蓄帳戶轉入經銷商的結算帳戶。並且，系統會根據儲蓄存款帳號找到客戶號，自動生成個人貸款的貸款帳號，同時建立起存款、貸款的對應關係。如果為跨網點的放貸，系統通過416通存通兌分戶實現貸款網點和存款網點的資金往來；如果存款帳戶為預開戶，則貸款作為開戶金存入，激活帳戶並登記開銷戶登記簿。

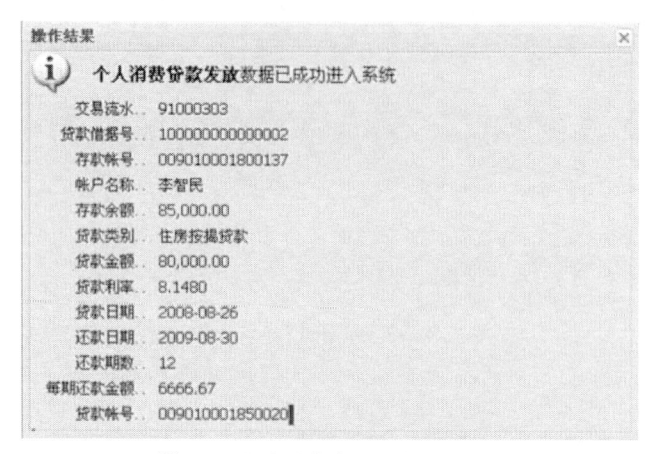

圖8-5　個人消費貸款發放操作結果

操作5：按照案例要求，在系統中為客戶調整貸款利息。點擊左側導航欄中的「個人貸款」→「個人貸款調息」，右側界面將顯示個人貸款調息信息錄入窗口，按調整后的央行利率對客戶的貸款利率進行調整。在本案例中，將李智民的個人消費貸款月利率由6.79‰調整到7.37‰，如圖8-6所示填寫后，點擊「執行」即可。錄入操作中，注意「貸款借據號」與操作2中保持一致；「調整比例」為新貸款利率的變動值；「起始日期」為當年1月1日。

圖8-6　個人消費貸款調息

操作6：為客戶進行部分償還貸款操作。在左側導航欄中選擇「個人貸款」→「提前部分還款」，並在右側界面（如圖8-7所示）錄入提前還款客戶的貸款借據號以及還款金額。借據號與操作2保持一致。在錄入完成點擊「執行」後，系統會彈出操作結果窗口，請櫃員核對本次操作的還款金額、扣除還款後的貸款帳戶餘額、存款帳戶餘額，以及利率等信息是否正確（如圖8-8所示）。

圖8-7　提前部分還貸合同信息

圖8-8　提前部分還貸操作結果

操作7：為客戶辦理提前全部還貸業務。在操作6完成後，可以看到客戶李智民提前部分還貸後貸款帳戶餘額為70,000元，而執行提前全部還貸的還款額便是貸款帳戶餘額。同樣點擊左側導航欄中「個人貸款」→「提前全部還貸」，右側界面與提前部分還貸的界面是一樣的（如圖8-7所示）。貸款借據號與操作2一致，還款金額與貸款帳戶餘額一致，即70,000元，在填寫完借據號之後，系統界面會顯示該貸款合同相

關信息，供銀行櫃員在辦理業務時核對確認，如圖8-9所示。

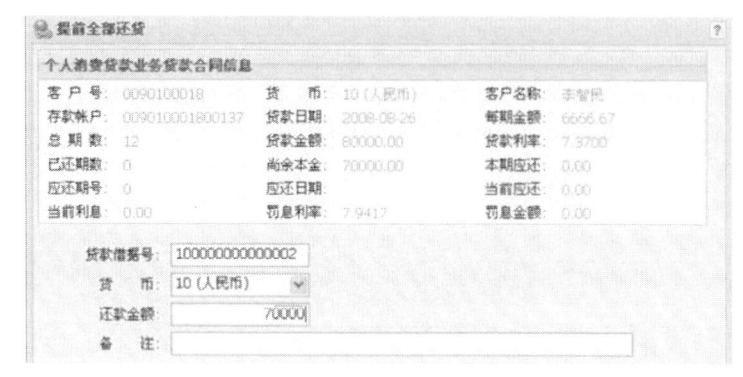

圖8-9 提前全部還貸合同信息

操作8：在提前部分還款或提前全部還款的業務中，由於提前還貸是對合同按期還本付息約定的違背，因此在操作6或操作7完成后，客戶還需交納一定的賠償金，而櫃員在辦理賠償金繳納業務時，由於該筆業務不屬於資產負債業務，應將該金額作為營業外收入直接在「通用記帳」→「表外通用記帳」界面中操作。

(四) 個人消費貸款業務操作練習

(1) 請同學以兩人為一組的形式輪流扮演銀行櫃員和客戶，為對方辦理個人旅遊消費貸款、短期汽車消費貸款、中長期住房裝修貸款、短期大宗耐用品貸款等的新增合同錄入業務，相關貸款信息由扮演客戶的同學提供。錄入完畢后進行貸款發放，並根據中國央行當前存貸款基準利率為客戶調整利息。注意辦理時填寫的貸款相關數據應與對應貸款種類的相關規定相符。

(2) 請扮演貸款客戶的同學向銀行申請提前全部還款，並由櫃員進行提前全部還款業務操作。

第二節　個人助學貸款實驗

(一) 實驗目的

(1) 通過實驗操作，進一步瞭解國家助學貸款的基本概念、相關政策、申請條件、申請金額、及其他相關規定。

(2) 掌握商業銀行辦理個人助學貸款的審批、發放、利息結算、還款等基本流程。

(3) 熟悉財政存款帳號的開設流程。

（4）熟悉助學貸款單位合同錄入的操作程序。
（5）熟悉助學貸款借據生成及貸款發放的操作程序。
（6）瞭解助學貸款提前全部還貸的相關操作。

（二）實驗案例

櫃員所在銀行與深圳理工大學有助學貸款合作業務，深圳理工大學本科大一學生李智民因家庭經濟困難，向學校相關部門提交了國家助學貸款申請，得到學校審查通過後，李智民通過學校向銀行提出每學年6,000元的助學貸款申請，並經銀行信貸部門審批通過，銀行要求貸款月利率為5‰。現需要櫃員為其辦理助學貸款單位合同錄入、新增助學貸款合同、助學貸款發放業務。

貸款發放后未滿一學年的時間，學生李智民因勤工儉學賺取一定收入，有能力提前全部還清助學貸款，需要櫃員為其辦理助學貸款提前全部還貸業務。

本案例中，學生李智民在貸款行已開設有個人活期存款帳戶，帳戶號為0090,1001,5800,010，深圳理工大學也在貸款行開設有對公（單位）活期存款帳戶，帳戶號為5090,1000,1201,018。

（三）實驗步驟

實驗準備：在進行本實驗操作之前，確保學生李智民在本銀行開設有個人活期存款帳戶（具體實驗操作詳見第七章，第一節），並記錄下帳戶號；並同時在本銀行為深圳理工大學開設對公活期存款帳戶（具體實驗操作詳見第九章，第一節）。

操作1：將該筆助學貸款的單位合同號與貸款人的存款帳號關聯錄入系統。選擇左側導航欄中的「個人貸款」→「助學貸款單位合同管理」，在右側界面上方點擊「新增單位合同」，彈出圖8-10所顯示的界面。

圖8-10 助學貸款單位合同錄入

操作2：將單位合同號與財政存款帳號錄入圖8-10的表框中。

（1）「單位合同號」應為信貸部門審批通過的助學貸款合同編號，一共15位數。鑒於本系統不涉及信貸部門調查—審查—審批的操作流程，在本實驗中可以自行擬定

15位數單位合同編號。

（2）「財政存款帳號」應為助學貸款申請人在本銀行的活期存款帳戶號。由於國家助學貸款為國家財政通過商業銀行撥付，因此該帳戶號也就是財政存款帳號。

錄入完畢后，點擊執行，則建立好關聯，並自動為其生成表外欠息帳號（如圖8-11所示），為方便記錄該筆貸款業務辦理過程中所產生的違約金等表外業務收入。

圖8-11　助學貸款單位合同錄入操作結果

操作3：為學生李智民及其學校深圳理工大學新建助學貸款借據。在左側導航欄中選擇「個人貸款」→「個人貸款合同管理」，並在右側界面上方點擊「新增」。在彈出的信息錄入框中，按案例所展現的信息，如實錄入相關數據，如圖8-12所示。

圖8-12　新增個人消費貸款合同

在進行信息錄入時，要注意：

（1）「存款帳戶」為貸款學生在銀行開設的個人活期存款帳戶，即李智民的存款帳戶。

（2）「貸款類別」為「905（短期助學貸款）」，因為是一年期以內的學年助學金。

（3）「經銷商帳戶」應填深圳理工大學在本銀行開設的單位活期存款帳戶號。

(4)「還款日期」應為貸款合同簽訂后的一年期之后。
(5)「利息償還方式」為「0（借貸人償還）」。
(6)「貸款用途」選擇「0（其他）」。
(7)「收息帳號」應與經銷商帳戶一致，在本案例中，即深圳理工大學的銀行存款帳號。

錄入完畢后，點擊執行，系統會顯示本次交易流水，並計算每年貸款利息的具體金額，如圖8-13所示，櫃員需進行核對后再點擊確認。

圖8-13　新增個人消費貸款合同操作結果

操作4：將操作2生成的單位合同號與操作3生成的貸款借據號合併錄入系統。點擊左側導航欄中的「個人貸款」→「助學貸款借據管理維護」，點擊右側界面上方的「新增」，彈出「新增助學貸款合同」窗口，如圖8-14所示。錄入時注意，「貸款借據號」要與操作3中錄入的貸款借據號一致，「單位合同號」要與操作2中錄入的單位合同號一致，還款日期和還款方式要與操作3中填寫的一致。

圖8-14　新增助學貸款合同

操作5：在發放個人助學貸款時要注意，由於國家助學貸款是學生通過學校向銀行進行申請，因此申請下來的貸款不能直接發放到學生的存款帳戶中，而是發放到學校在銀行的單位存款帳戶中，以便做到專款專用。因此，在本案例中，個人助學貸款發放應發放至深圳理工大學的單位存款帳戶中，即6,000元助學金直接進入學校帳戶為

學生李智民補貼學費。操作上跟個人消費貸款發放的操作一樣，點擊左側導航欄中的「個人貸款」→「個人貸款發放」，並按圖 8-15 填寫業務相關數據後，點擊「執行」，完成個人助學貸款發放。

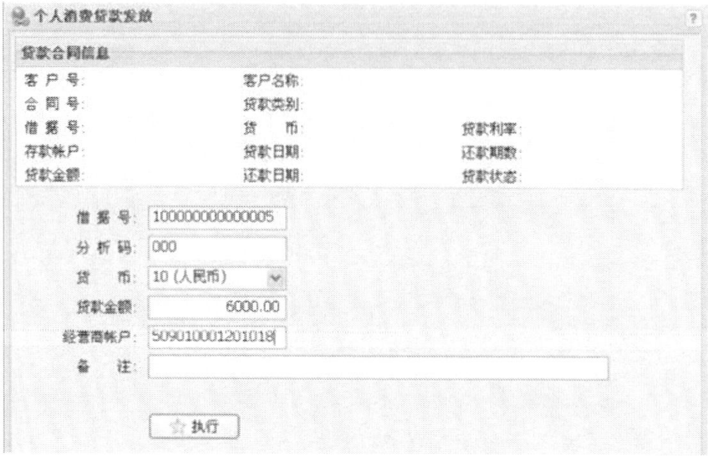

圖 8-15　個人消費貸款發放

操作 6：若學生能提前全部還清助學貸款，則櫃員應為其進行助學貸款提前全部還貸業務操作。點擊左側導航欄中的「個人貸款」→「助學貸款提前全部還貸」，在右側界面表框中，錄入本次助學貸款的借據號，錄入后界面上方會顯示該筆貸款的相關合同信息，按合同顯示的貸款金額，填寫還款金額，如圖 8-16 所示。

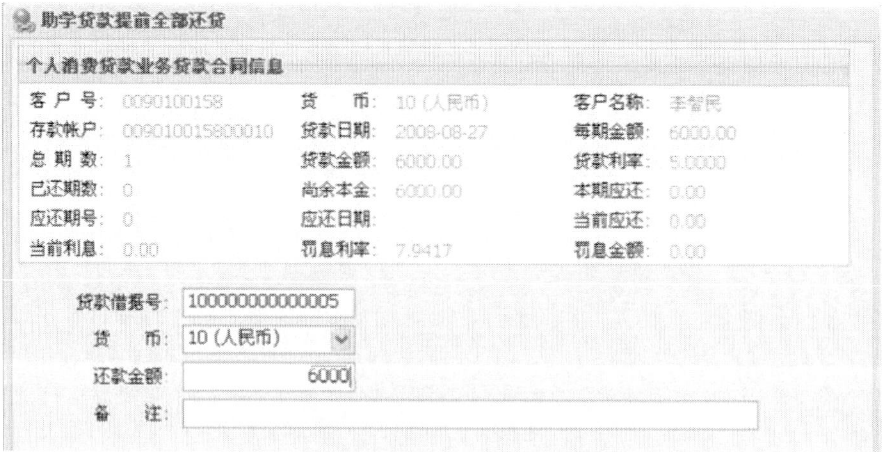

圖 8-16　助學貸款提前全部還貸合同信息

操作 7：由於國家助學貸款是國家對貧困生源的補貼政策，因此存在銀行貸款所產生的利息由國家全額補貼。在操作助學貸款業務的過程中，如果存在助學貸款財政補

貼利息的情況時，點擊「個人貸款」→「助學貸款財政補貼利息」，在右側界面中（如圖8-17所示）處理財政補貼利息的業務操作。

圖 8-17　助學貸款財政補貼利息

錄入時應注意：
（1）「單位合同號」應與操作 2 中的單位合同號一致。
（2）「應還金額」是表外欠利息帳號中的資金余額，點擊導航欄中的「個人貸款」→「助學貸款單位合同管理」，在列表中查詢該筆貸款的表外欠利息帳號，然后通過左側導航欄中的「信息查詢」→「帳戶查詢」→「表外帳戶明細查詢」，查詢該表外欠利息帳戶中的帳戶余額是多少，再錄入到圖8-17的「應還金額」中，點擊執行，完成業務。

（四）個人助學貸款業務操作練習

（1）每年均有部分滿足國家助學貸款的學生定期通過重慶工商大學融智學院向銀行申請每人每學年 8,000 元的個人助學貸款，以補貼學費。假如你是申請助學貸款的學生，請用櫃員系統辦理個人助學貸款業務並進行貸款發放，在辦理業務之前先為自己開設個人活期存款帳戶，並為學校開設單位活期存款帳戶。
（2）在按上述練習發放助學貸款之后，請為自己的助學貸款辦理提前全部還款。

第三節　信用卡業務實驗

（一）實驗目的

（1）通過信用卡業務的辦理，瞭解信用卡的概念及功能。
（2）掌握信用卡的開卡流程，以及關聯還款帳戶的設置流程。
（3）掌握信用卡存現與取現業務，並通過業務辦理，區分信用卡存取現與借記卡存取現在概念上的差別。

（4）熟悉信用卡查詢業務，包括信用卡明細查詢與信用卡交易查詢，瞭解櫃員系統中信用卡明細功能與交易查詢功能的區別。

（二）實驗案例

客戶李智民在本行已開設有個人活期儲蓄存款帳戶（帳戶號：0090,1000,1800,173），現在向銀行申請辦理一張信用卡，並將信用卡與其活期存款帳戶設置成關聯還款帳戶。李智民的身分證號碼為440301198509284611，向銀行申請的信用卡已得到信用卡中心的審批，初次審批的現金取款額度為1,000元、POS消費額度為1,000元。開卡成功后，李智民對初始額度進行了調整，並從信用卡中透支取現2,000元，櫃員需要為其辦理信用卡取現業務；隨后，李智民又以現金存入的方式向自己的信用卡帳戶中還款5,000元，櫃員需要為其辦理信用卡存現業務。存取現業務辦理完成后，再對一年以來的信用卡明細進行查詢，以及對客戶李智民的信用卡交易進行查詢。

（三）實驗步驟

實驗準備：確保客戶已在本行開設有個人活期儲蓄存款帳戶，並記錄下帳戶號碼，以便實驗使用。

操作1：為客戶辦理信用卡開卡業務。櫃員要使用對私業務帳號登錄智盛商業銀行綜合業務仿真實訓平臺，點擊左側導航欄中的「信用卡業務」→「信用卡開戶」，出現信息錄入界面，如圖8-18所示。

圖8-18 信用卡開戶

操作2：如圖8-19所示，按案例要求錄入客戶信息，錄入時應注意：

（1）「信用卡號」為16位號碼，號碼組成應為8989（4位）+部門號（4位）+順序號（8位），其中開頭4位必須是「8989」，4位部門號必須與登錄系統時使用的交易部門號一致，8位順序號可自行編撰。

（2）「關聯還款帳號」應為客戶在本銀行開設的活期儲蓄存款帳號。在本案例中，即李智民的活期儲蓄帳號0090,1000,1800,173，錄入后，界面上方的帳戶信息中會顯示客戶名稱、帳戶餘額、帳戶狀態等相關信息。

（3）「證件類別」選項中包含「A（身分證）」「B（護照）」「C（軍人證）」「D戶口簿」「E（居住證）」「F（監護人證件）」「Z（無證件）」。在為已滿16周歲的客戶辦理業務時，一般要求其出示身分證；對於未滿16周歲的客戶，可使用身分證、戶口簿或監護人證件；對於軍人辦理業務，要求出示軍人證；對於國外居民在國內銀行辦理業務，要求其出示外國護照。在本案例中，填寫李智民的身分證號碼即可。

（4）「交易密碼」與「取現密碼」均為6位阿拉伯數字，可相同也可不同。

（5）「預借現金額度」為從信用卡中直接提現的最高額度限制，額度大小按信用卡中心的審批要求設置。

（6）「POS消費額度」為使用信用卡直接進行商戶刷卡消費的最高額度限制，額度大小按信用卡中心的審批要求設置。在本案例中，上述兩種額度初始值均為1,000元。

（7）「信用級別」與「介紹櫃員」可不填寫。若填寫「介紹櫃員」，則銀行將該筆信用卡業務算作該位櫃員的當期業績。

圖8-19　信用卡開戶

操作3：為客戶辦理信用卡取現業務。點擊左側導航欄中的「信用卡業務」→「信用卡取現」，在右側界面中輸入申請取現客戶的信用卡號，上方立即顯示該客戶的信用卡信息，再應客戶取現需求，錄入交易金額，並交客戶輸入取款密碼，密碼必須與開卡時的「取現密碼」設置相一致，最后在「摘要」中備註該筆業務屬於「取現處

理」。在本案例中，客戶取現金額為 2,000 元，填寫內容如圖 8-20 所示。

圖 8-20　信用卡提現

操作 4：為客戶辦理信用卡還款業務。點擊「信用卡業務」→「信用卡存現」，在右側界面中錄入預還款客戶的信用卡號，錄入后，界面上方的信用卡信息中會出現指定還款帳戶號，若還款方式為轉帳交易，則還款額從該指定帳戶中轉出。在本案例中，李智民的信用卡還款為現金還款，則按圖 8-21 所示錄入信息。

(1)「繳款金額」即為信用卡還款金額。本案例中，還款金額為 5,000 元。
(2)「交易碼」若選擇「CS（現金）」則為現金還款；若選擇「TR（轉帳）」，則要在下方輸入「繳款帳號」，還款金額即從繳款帳號中轉入信用卡帳號。

圖 8-21　信用卡存現

操作 5：櫃員對一段時期內的信用卡開卡和使用情況進行信用卡明細查詢。智盛商業銀行綜合業務實訓平臺的信用卡明細查詢功能，能幫助櫃員對規定時間段中開設的信用卡帳戶情況進行統一查詢。點擊左側導航欄中的「信用卡業務」→

「信用卡明細查詢」，並在右側界面上方設置需要查詢的起止時間段，如圖 8-22 所示。

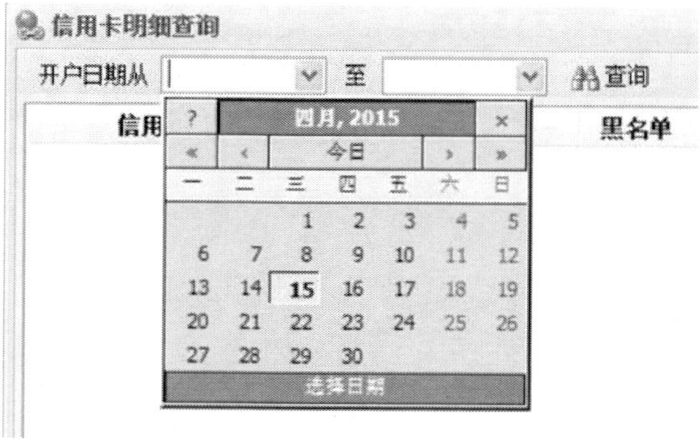

圖 8-22　信用卡明細查詢

在本案例中，要求查詢一年以內的信用卡明細，則按 1 年的時間設置起止日期，點擊「查詢」，系統會自動羅列該時間段開設的所有信用卡卡號、客戶名稱、黑名單、指定還款帳戶、現金額度、消費額度、信用級別、積分、對應帳戶、借貸類別、聯機余額、開戶日期、生效日期、失效日期、帳戶狀態（如圖 8-23 所示），以便客戶打電話至銀行查詢信用卡信息時，櫃員能根據明細內容快速解答客戶問題。

开户日期从 2015-04-15 至 2016-04-15 查询

信用卡号	客户名称	黑名单	指定还款帐户	现金额度	消费额度
8989520000000000	李智民	否	052000007200020	2,000.00	6,000.00
8989520000001101	李智明	否	052000016100010	1,000.00	1,000.00
8989520000002101	江少	否	052000170200010	1,000.00	1,000.00
8989520011005571	李智民	否	052000149400010	2,000.00	6,000.00
8989520011110001	李智明	否	052000155900010	2,000.00	6,000.00
8989520011111100	李智民	否	052000081100020	1,000.00	6,000.00
8989520011111160	梅小调	否	052000208300010	2,000.00	6,000.00
8989520012000125	玉米	否	052000031500010	2,000.00	6,000.00
8989520012000200	李世民	否	052000069200010	2,000.00	6,000.00
8989520012121501	李智民	否	052000107900010	1,000.00	10,000.00
8989520012345678	苗小雨	否	052000027700010	2,000.00	6,000.00
8989520015445401	李智民	否	052000224500010	2,000.00	1.00
8989520016161601	钱子潮	否	052000047100010	2,000.00	2,000.00
8989520019970601	李智民	否	052000086200010	1,000.00	1,000.00

圖 8-23　信用卡明細查詢

操作 6：櫃員為單一客戶查詢其信用卡交易明細。點擊左側導航欄中「信用卡業務」→「信用卡交易查詢」，在右側導航欄中輸入預查詢信用卡號，以及要查詢的交易時段，點擊查詢，系統中則會羅列出該信用卡客戶在此時間段的交易情

況。本案例中的查詢結果如圖 8-24 所示。

圖 8-24　信用卡交易查詢

（四）信用卡業務操作練習

（1）請以自己的名字在銀行開設活期存款帳戶之後，同樣以自己的名字辦理信用卡開卡業務，並將存款帳戶與信用卡帳戶設置為關聯帳戶。

（2）開設完信用卡帳戶后，為自己辦理信用卡透支取現、信用卡還款業務，在辦理還款業務時，分別採用現金還款和轉帳還款的方式還款。

（3）請對銀行系統中近三個月的信用卡明細進行查詢，瞭解近三個月的開卡情況。

（4）請對其他同學的信用卡帳戶交易情況進行查詢。

第四部分

銀行對公業務實驗實訓

　　銀行對公業務也稱銀行企業業務，主要是指商業銀行對企業客戶或機構客戶提供的存貸款、貸款歸還、匯票兌付等業務。本部分針對銀行對公業務的實驗操作包含四大模塊：一是對公儲蓄業務實驗模塊，二是對公貸款管理業務實驗模塊，三是貸款發放及歸還業務實驗模塊，四是匯票總付業務實驗模塊。其中，對公儲蓄業務模塊包含活期及臨時存款、定期存款等；對公貸款管理業務包括貸款借據管理、貸款展期、貸款帳戶處理、貸款查詢等；貸款發放及歸還業務包括貸款發放、部分和全部還貸、自動收息等；匯票兌付包括商業匯票承兌、匯票到期付款等。

第九章 對公儲蓄業務

對公儲蓄業務是商業銀行以信用方式吸收企事業單位的存款，是商業銀行資金來源的主要方式。對公儲蓄與個人儲蓄相比，一般具有金額大、成本低、流動性強的特點。隨著中國經濟體制改革的逐步深入，各部門對資金的需求量越來越大，因此，組織存款在商業銀行業務發展中的地位和作用越來越重要。

第一節 企業新開戶實驗

(一) 實驗目的

（1）掌握對公客戶號的開戶。
（2）熟悉對公存款基本帳戶的開戶流程。

(二) 實驗案例

該軟件對公客戶採用客戶號管理方式，未在銀行開立帳戶的對公客戶，首先必須開客戶號。客戶號由各網點根據需要數量在業務終端生成並打印，開客戶時按生成的客戶號錄入。所開客戶號全行唯一。因此，當客戶重慶建築學院第一次來本行辦理業務時，櫃員需為它開設一個客戶號。業務完成後，需留底存檔，以備查詢。

對於已經在銀行開有客戶號的客戶，要進行存貸業務，必須先預開一個帳戶。預開戶狀態的帳戶不計入當天的開戶數及總戶數。預開帳戶不涉及金額。因此，接下來，櫃員還需為重慶建築學院開設一個基本帳戶。

(三) 實驗步驟

操作1：櫃員使用對公業務編號登錄商業銀行綜合業務仿真實訓平臺，在交易部門、用戶編號、密碼欄內輸入教師分配的帳號及密碼並點擊登錄，如圖9-1所示。

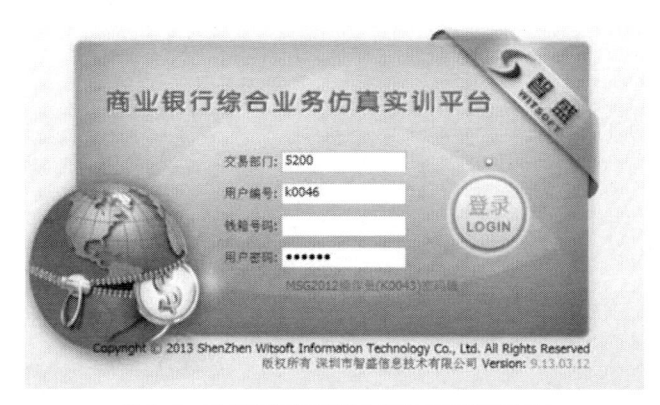

图 9-1 登录商业银行综合业务仿真实训平台

注意：

（1）对公业务柜员第一次登录本系统，应修改个人资料。具体操作为「通用模块」→「操作员管理」→「新开客户号」，以避免其他人修改登录密码及个人资料，同时也方便教师根据学生姓名及学号统计与查询实验成绩。

（2）对公业务柜员第一次登录系统时，必须设置一个钱箱号，否则无法领用凭证及进行现金业务。对公柜员个人钱箱号首位为除「0」以外的五位数字。设置钱箱号时，可选择与本人绑定，这样登录系统时就不必输入钱箱号，系统会默认以已绑定的钱箱号登录。具体操作为「通用模块」→「钱箱管理」→「增加钱箱」。

操作 2：进入对公业务主界面后选择「对公存贷」→「新开户业务」→「新开客户号」，出现开对公客户信息填写窗口，如图 9-2 所示。

图 9-2 对公客户信息窗口

操作3：根據案例中重慶建築學院的帳戶信息，在相應欄中填入並點擊執行，如圖9-3和圖9-4所示。

圖9-3　錄入對公客戶信息

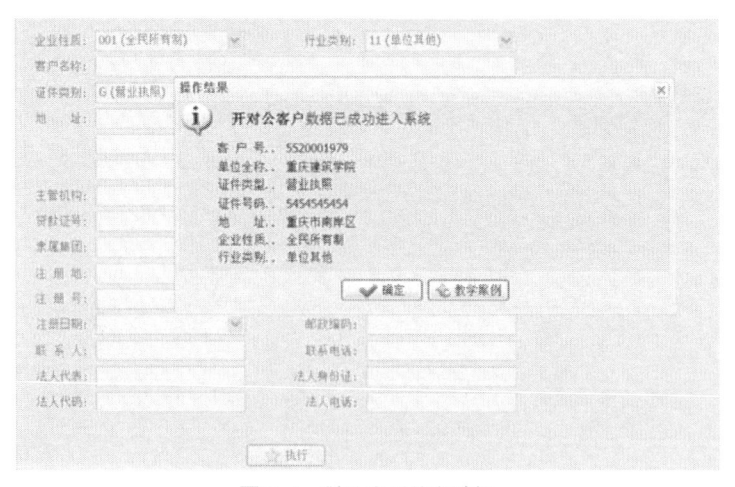

圖9-4　對公客戶信息確認

注意：
(1) 錄入要素為企業性質、客戶名稱、證件類別、證件號碼、地址等。其中客戶名稱、證件號碼為必填項，企業性質、行業類別、證件類別為必選項。
(2) 客戶號由系統自動生成，填寫完相關信息點擊執行後形成，且客戶號唯一。

客戶號由 10 位數碼組成。第 1 位用數字「0」~「3」表示儲蓄帳號,「4」~「8」表示對公帳號,「9」表示內部帳號。第 2~9 位為順序號。第 10 位為校驗位。

因此,客戶號 5520001979 中,第 1 位「5」表示該客戶號是對公帳號,2~9 位的 52000197 是順序號,表示該客戶號是銀行開立的第 52000197 位客戶,最后一位「9」表示校驗位。

(3) 企業性質包括全民所有制 (001)、集體 (002)、個體 (003)、三資 (004)、股份制 (005)、有限責任 (006)、個人獨資 (007)、合夥企業 (008)、其他 (009)。其中,人名戶選擇個體 (003),事業單位選擇其他 (009)。

(4) 客戶名稱中企業戶必須嚴格按照營業執照全稱錄入,個人名稱按照有效身分證明錄入。

(5) 證件類別包括營業執照 (G)、身分證 (A)、其他 (Z)。其中,公司戶選擇營業執照、個人戶選擇身分證、事業單位等選擇其他。

(6) 證件號碼根據證件類別錄入相應營業執照號碼、身分證號碼及其他號碼。

(7) 地址有三欄,如果一個地址較長,第一欄長度不夠,余下的可錄入到第二欄、第三欄。

操作 4:對於已經在銀行開有客戶號的客戶,要進行存貸業務,必須先預開一個帳戶。預開戶狀態的帳戶不計入當天的開戶數及總戶數。預開帳戶不涉及金額。

在對公業務主界面下選擇「對公存貸」→「新開戶業務」→「開存款帳戶」,出現開存款帳戶信息填寫窗口,如圖 9-5 所示。

圖 9-5　開存款帳戶信息窗口

操作 5:根據案例中重慶建築學院客戶號等信息,在開存款帳戶各欄中輸入相關信息,如圖 9-6 所示。

圖 9-6 錄入開存款帳戶信息

注意：

（1）錄入要素為客戶號、分析碼、帳戶類別、存期、通存通兌、是否計息、自動轉存、帳戶標誌。

（2）客戶號根據已開號碼錄入，按回車鍵后，界面上部將出現客戶基本信息，包括客戶號、戶名、企業性質、狀態、註冊地、註冊資金。

（3）帳戶類別包括工業存款（201）、商業存款（202）、建築企業存款（203）、農業存款（204）、城鎮集體企業存款（205）、鄉鎮企業存款（206）、三資企業存款（207）、私營企業及個體戶存款（208）、其他企業存款（209）、單位其他存款（210）、保險公司存款（212）、行政事業單位存款（213）、一年期（含）以下單位定期（221）、通知存款（223）、單位大額可轉讓定期存單（224）、財政預算存款（235）、財政預算外存款（236）、同業一般存款（249）、臨時存款（260）、委託存款（411）。

（4）分析碼為銀行系統內部校檢碼，為任意三位阿拉伯數字，無任何業務含義。

（5）存期欄中錄入存期代碼。存期代碼採用「BXX」三位編碼。B 為「1」～「3」，表示存期的數量單位，其中「1」表示日、「2」表示月、「3」表示年；「XX」為 01~99，表示存期單位（B）的數量。例如：「107」表示存期為 7 天，「206」表示存期為 6 個月，「301」表示存期為一年，定期存期只能是一年內（包括一年）。該項只對定期存款、大額可轉讓定期存款有效，一般活期存款或臨時存款不必錄入。第一次預開戶存期代碼輸入「000」。

（6）通存通兌僅限一般活期或臨時存款戶使用，系統默認為通存通兌。

（7）是否計息項，除財政性存款外，均選擇「是」。

（8）自動轉存僅限定期戶使用，系統自動默認為非自動轉存。

（9）帳戶標誌包括基本戶（0）、一般戶（1）、專用戶（2）、臨時戶（3）、其他（4）、輔助戶（5）。一個客戶在同一支行只能開立一個基本帳戶，此帳戶需在人民銀行

備案，可以提取現金。非一般活期只能選擇「其他企業存款」。系統理論上允許一個客戶在每個對公存款科目下開設100個分戶。已開有基本帳戶的客戶，系統將拒絕再開立基本帳戶。

操作6：錄入各項內容后，點擊「執行」按鈕，系統會自動跳出操作結果的界面，輸出帳號為銀行現行15位對公帳號。然后點擊「確定」按鈕，操作完成，如圖9-7所示。

圖9-7 確認開存款帳戶信息

注意：
(1) 操作完成后，記錄下以上系統自動生成的帳號，以備接下來的業務操作使用。
(2) 對公及儲蓄帳號共15位，由前10位的客戶號和后5位的帳號后綴共同組成。其中帳號后綴前4位為順序號，第5位為校驗位。

例如：5520001979，09016表示客戶號為5520001979的客戶開立的第0901個子戶。（順序號第5位即6為校驗位）每個客戶號下可以有1萬個分戶。

操作7：帳戶開立最后的一步，是帳戶的實際開立，即新開戶金的存入。

開帳戶的前提是該帳戶已經預開，否則應先進入「預開帳戶」的操作。

在帳戶的激活中，一般活期存款、臨時存款帳戶和定期存款帳戶的存入方式有很大區別，其中一般活期存款、臨時存款帳戶新開戶金存入可採用多種方式，可以通過「表內通用記帳」「貸款發放」「帳戶轉帳」「現金存款」等模塊轉入或存入資金，而定期存款帳戶只能採取現金或本轉的方式。

（四）企業新開戶業務操作練習

(1) 請同學們分別以自己的姓名為企業名開設一家個體企業。
(2) 為上述個體企業開立基本帳戶。

第二節　企業一般活期及臨時存款帳戶業務處理實驗

對於已經開立存款帳戶的客戶，可在其帳戶上進行常規的現金存取款、轉帳及其他操作。未開立客戶號，或開了客戶號未開立帳戶的客戶，應進行開戶操作。

存取款業務在本系統中設計為面向業務的操作，操作員記錄一筆業務，只需根據有關憑證記錄一筆帳務記錄，系統自動生成相應帳務處理。

（一）實驗目的

（1）掌握對公存貸業務中一般活期及臨時存款所包括的具體業務類型。
（2）熟悉現金存取款的操作流程和業務規範。
（3）掌握帳戶轉帳、協議存款的操作流程。
（4）理解帳戶結清和帳戶銷戶的內涵，並能熟練操作。

（二）實驗案例

重慶建築學院出納到本支行櫃臺存入現金500,000元到其基本帳戶裡。

重慶建築學院出納到本支行櫃臺從該公司基本帳戶中提取現金6,000元。

重慶建築學院開出轉帳支票一張，用於支付往來貨款5,500元，收款方為本支行開戶的重慶師範大學（轉出帳戶為重慶建築學院基本帳戶，轉入帳戶為重慶師範大學在本支行開設的對公存款基本帳戶）。

重慶建築學院與銀行簽訂《協議存款合同》，協議存款金額為7,000元。

重慶建築學院將之前開設的活期存款帳戶進行銷戶處理，並把帳戶餘額全部取出，對公櫃員為其辦理該業務。

（三）實驗步驟

1. 現金存款的操作步驟

該交易可用於激活預開帳戶或續存的業務處理。

操作1：進入對公業務主界面下選擇「對公存貸」→「一般活期及臨時存款」→「現金存款」，屏幕出現現金存款帳戶信息填寫窗口，如圖9-8所示。

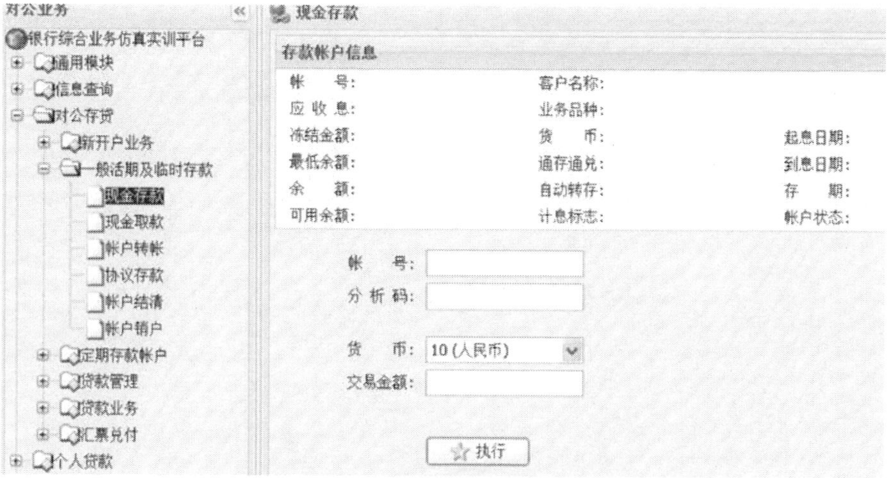

圖 9-8　登錄現金存款帳戶信息窗口

操作 2：在現金存款帳戶頁面錄入重慶建築學院的帳號、擬存入金額后，點擊「執行」，如圖 9-9 所示。

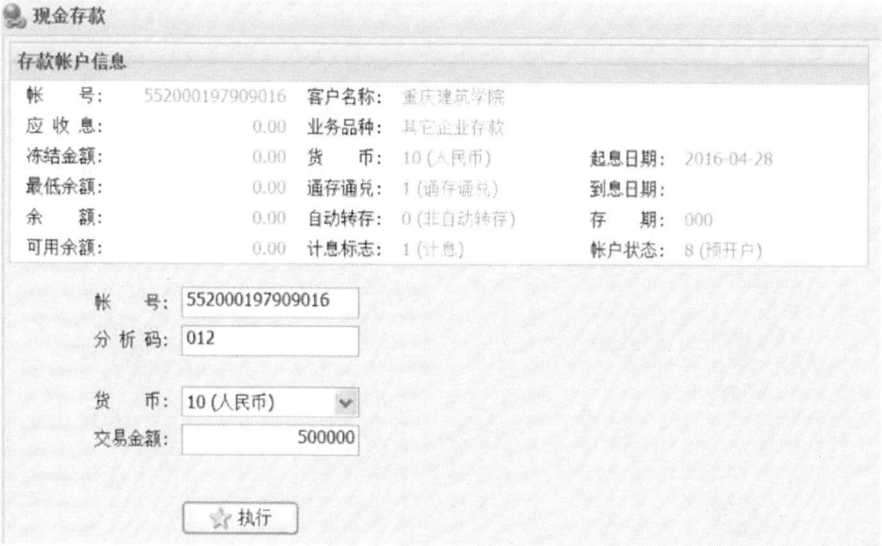

圖 9-9　錄入現金存款信息

操作 3：在完成上述操作后，頁面彈出現金存款成功操作結果窗口，點擊「確定」，重慶建築學院現金存款完成，如圖 9-10 所示。

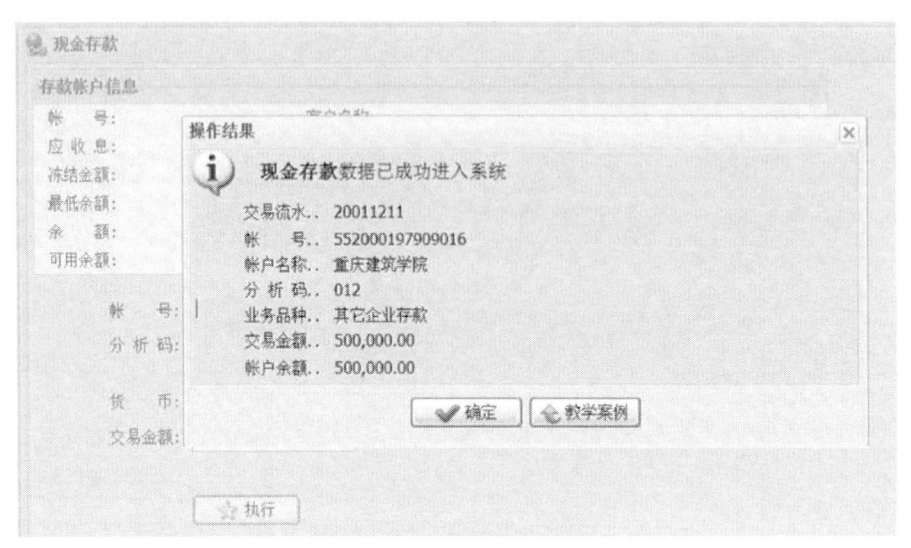

156　銀行綜合業務實驗實訓教程

圖 9-10　確認現金存款信息

2. 現金取款的操作步驟

操作 1：進入對公業務主界面下選擇「對公存貸」→「一般活期及臨時存款」→「現金取款」，屏幕出現現金取款帳戶信息填寫窗口，如圖 9-11 所示。

圖 9-11　登錄現金取款帳戶信息窗口

操作 2：在現金取款帳戶頁面錄入重慶建築學院的帳號、擬取出金額、憑證類型、

支票號碼、分析碼，如圖 9-12 所示。

圖 9-12　填寫現金取款帳戶信息

注意：
（1）帳號必須是在本部門開戶的對公一般活期帳戶。
（2）憑證類型包括現金支票和其他。選擇現金支票時，系統自動檢索支票號碼與帳戶的對應關係，並自動核銷。使用非系統管理的現金支票時，選擇其他。
（3）支票號碼可以只錄入最后四位，如果系統檢索后提示有重複，則錄入完整的 8 位號碼。
（4）對公業務的憑證必須以總行櫃員身分到總行去領用，再下發到支行后方可從支行領用及出庫。具體到現金取款業務所必需的現金支票憑證，操作流程為：
①以總行櫃員的身分登錄商業銀行綜合業務仿真實訓平臺，選擇「通用模塊」→「憑證管理」→「憑證領入」，在憑證類型欄內選擇現金支票，其他欄內填寫完信息后，點擊執行。
②接下來選擇「通用模塊」→「憑證管理」→「憑證下發」，在相應欄內填寫完信息后，點擊執行。
③將上述已從總行下發到支行的憑證領用到部門錢箱，再從部門錢箱出庫到櫃員個人錢箱中。第一次做現金出庫，因部門錢箱無現金，此操作無法進行。可在日終處理后，當日營業現金已入庫后再操作。
因此，接下來需以支行櫃員的身分登錄商業銀行綜合業務仿真實訓平臺，選擇「通用模塊」→「錢箱管理」→「憑證出庫」，在相應欄內填寫完信息后，點擊執行。
④接下來選擇「通用模塊」→「支票管理」→「支票出售」，在帳號欄內填上

重慶建築學院的帳號，在其他欄中按要求輸入相關內容後，點擊執行，此操作完成後，已出庫的現金支票憑證則出售給了重慶建築學院。

其他憑證的領取可參照上述流程進行。

操作 3：在現金取款帳戶頁面錄入信息後，點擊執行，頁面出現如圖 9-13 所示窗口，點擊「確定」，現金取款完成。

圖 9-13　現金取款完成

3. 帳戶轉帳的操作步驟

該交易用於同一網點內存款帳戶間的轉帳業務，包括預開戶。

操作 1：進入對公業務主界面下選擇「對公存貸」→「一般活期及臨時存款」→「帳戶轉帳」，屏幕出現帳戶轉帳信息填寫窗口，如圖 9-14 所示。

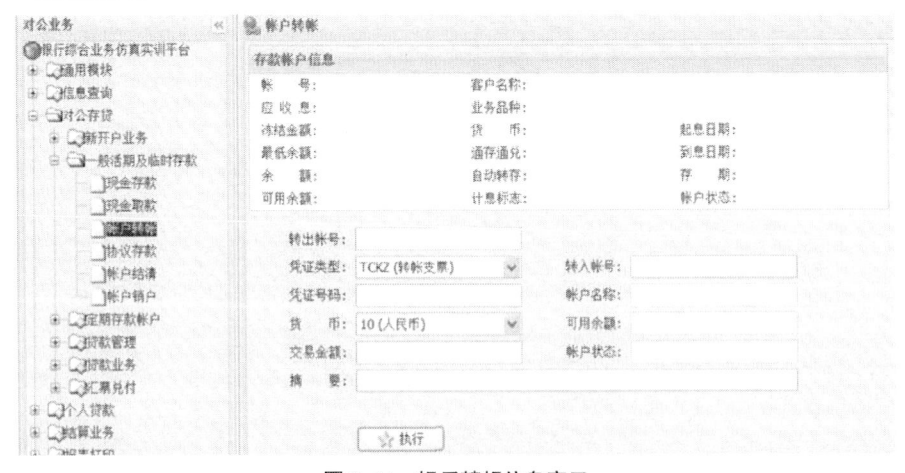

圖 9-14　帳戶轉帳信息窗口

操作2：在帳戶轉帳頁面錄入轉出方即重慶建築學院的帳號、憑證類型、支票號碼、金額、轉入方即重慶師範大學的帳號，如圖9-15所示。

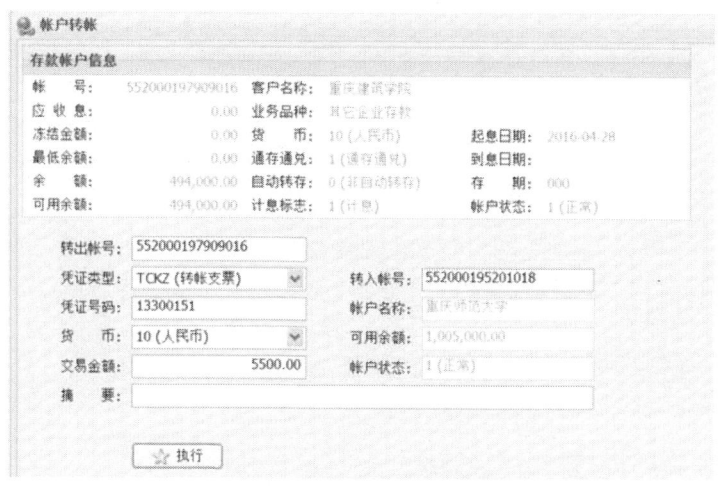

圖9-15　錄入帳戶轉帳信息

注意：
（1）轉出帳號必須是本部門開戶的一般活期或臨時存款帳戶。
（2）憑證類型包括轉帳支票和其他。選擇轉帳支票時，系統自動檢索支票號碼與帳戶的對應關係，並自動核銷。當使用非系統管理的轉帳支票時，選擇其他。
（3）支票號全部8位。
（4）轉入帳戶必須是本部門開戶的一般活期或臨時存款帳戶。不能為結清、關閉狀態。
（5）該交易僅用於本所活期帳戶間轉帳業務的處理。

操作3：在完成上述操作后點擊執行，頁面彈出帳戶轉帳操作結果窗口，點擊確定，重慶建築學院帳戶轉帳完成，如圖9-16所示。

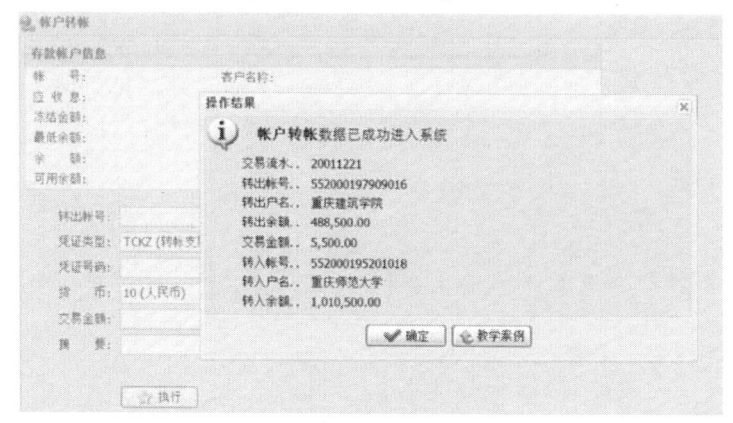

圖9-16　帳戶轉帳完成

4. 協議存款的操作步驟

若因公司業務特點，在銀行帳戶上經常留有大額資金，則可採用銀行設計的此種存款種類。它通過設定存款基數，實行超額分戶計息的辦法，既保證了資金隨時調度的要求，又可取得高於活期存款利息的收益。辦理協議存款，開戶單位要與銀行簽訂《協議存款合同》，該合同的期限最長不得超過一年（含一年），合同到期後任何一方沒有提出終止或修改合同，即視自動延期，延長期限與上一合同期限一致。

該交易用於將一般活期存戶設定為協議存款帳戶並設定協議金額，或對原有協議存款帳戶進行信息維護和帳戶取消操作的業務處理。

操作1：進入對公業務主界面下選擇「對公存貸」→「一般活期及臨時存款」→「協議存款」，屏幕彈出協議存款信息填寫窗口，如圖9-17所示。

圖9-17　協議存款信息填寫窗口

操作2：在協議存款信息窗口錄入重慶建築學院的帳號、額度金額、到期日，如圖9-18所示。

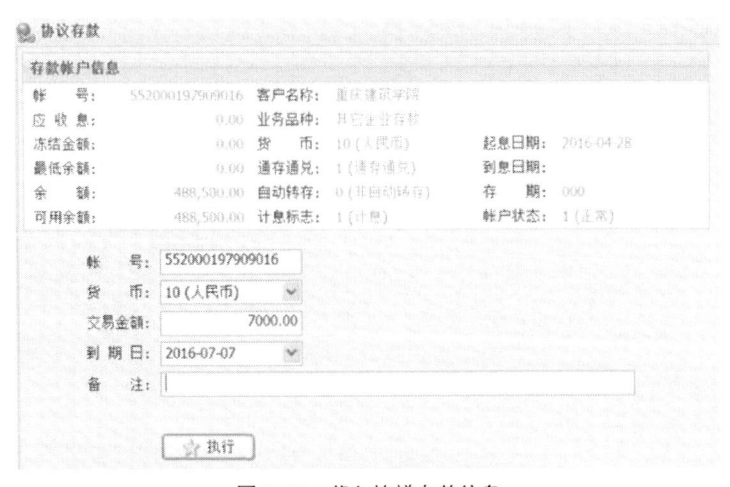

圖9-18　錄入協議存款信息

注意：
（1）帳號必須是本部門一般對公活期存款帳戶或協議存款帳戶。
（2）額度金額可以超過帳面余額。將一般活期存款帳戶設置為協議存款帳戶時，直接錄入相關信息即可；對原協議存款帳戶進行信息維護時，直接對相關信息進行修改即可；將原協議存款帳戶取消時，在額度金額中錄入 0 或該項不錄入即可。
（3）協議存款帳戶設定的當日起，若存款余額超過設定金額，則系統自動將超過部分的積數累計到協定利率積數，結息時對正常部分的積數和協定部分的積數分別計息。

操作 3：在完成上述操作后點擊執行，頁面彈出協議存款操作結果窗口，點擊確定，重慶建築學院協議存款完成，如圖 9-19 所示。

圖 9-19　協議存款完成

5. 帳戶結清的操作步驟
一般活期存款進行銷戶前，必須進行帳戶結清。系統自動按當天該存款種類的掛牌利率進行計息，把利息轉入活期帳戶。臨時存款戶不計息，可直接取款銷戶。

操作 1：進入對公業務主界面下選擇：「對公存貸」→「一般活期及臨時存款」→「帳戶結清」，屏幕彈出帳戶結清信息填寫窗口，如圖 9-20 所示。

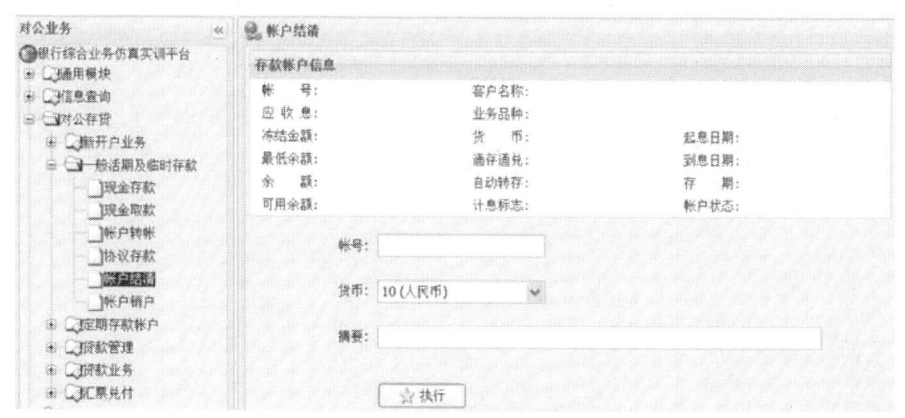

圖 9-20　帳戶結清信息窗口

操作2：在帳戶結清信息窗口錄入重慶建築學院的帳號，如圖9-21所示。

圖 9-21　錄入帳戶結清信息

注意：
（1）帳戶結清后當日必須進行銷戶，否則平帳時無法通過。
（2）一般活期存款的銷戶，包含三個步驟，即帳戶取款→結清→銷戶。
操作3：在完成上述操作后點擊執行，頁面彈出帳戶結清操作結果窗口，點擊確定，重慶建築學院帳戶結清完成，如圖9-22所示。

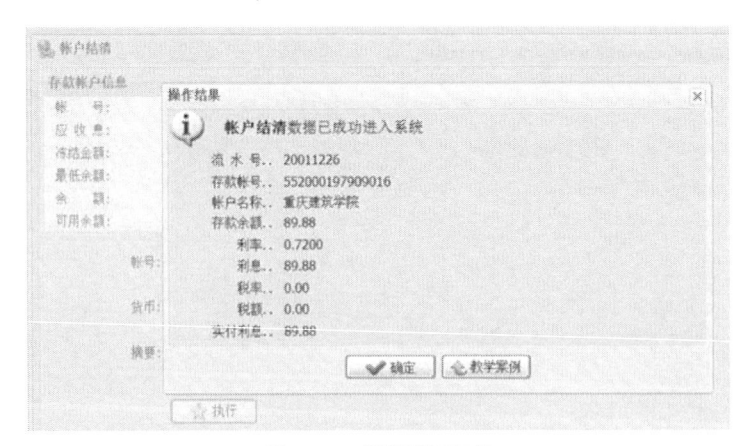

圖 9-22　帳戶結清完成

6. 帳戶銷戶的操作步驟
進行銷戶的帳戶，必須是已經結清且余額為零的一般活期存款，或余額為零的臨時存款帳戶，即帳戶結清后必須將余額轉出。進行銷戶后，該帳戶剩余支票將全部核

銷，並關閉帳戶。

操作 1：重慶建築學院帳戶還有餘額，因此，需把該帳戶的餘額全部結清。進入對公業務主界面，選擇「對公存貸」→「一般活期及臨時存款」→「現金取款」，屏幕彈出現金取款信息填寫窗口，如圖 9-23 所示。

圖 9-23　現金取款信息窗口

操作 2：在現金取款信息窗口錄入重慶建築學院的帳號、分析碼、取款金額、憑證號碼，並點擊「執行」，取款成功，如圖 9-24 所示。

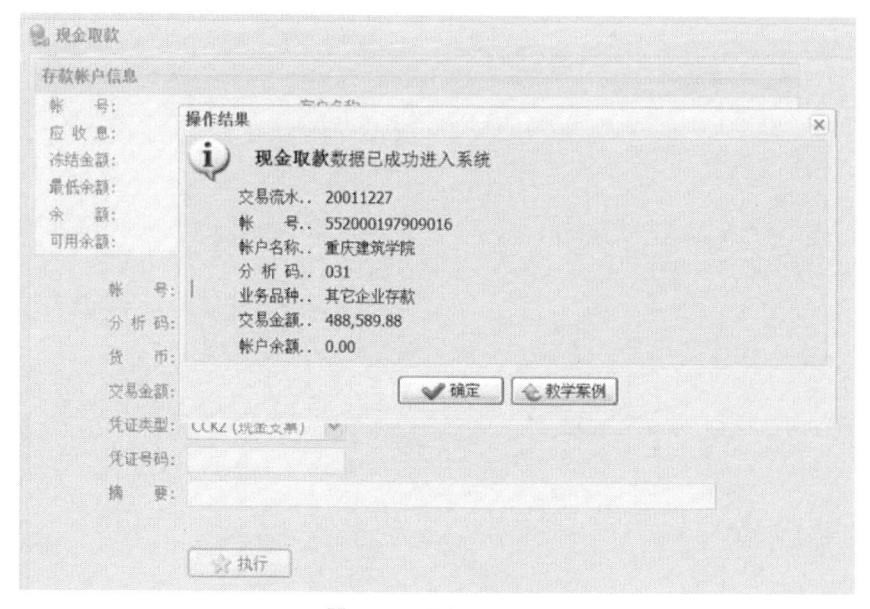

圖 9-24　現金取款完成

操作 3：進入對公業務主界面下選擇「對公存貸」→「一般活期及臨時存款」→「帳戶銷戶」，屏幕彈出帳戶銷戶信息填寫窗口，如圖 9-25 所示。

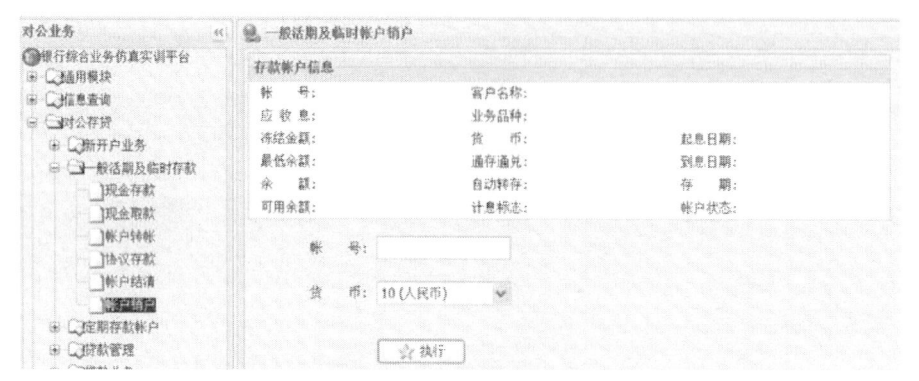

圖 9-25　帳戶銷戶信息窗口

操作 4：在帳戶銷戶信息窗口錄入重慶建築學院的帳號，如圖 9-26 所示。

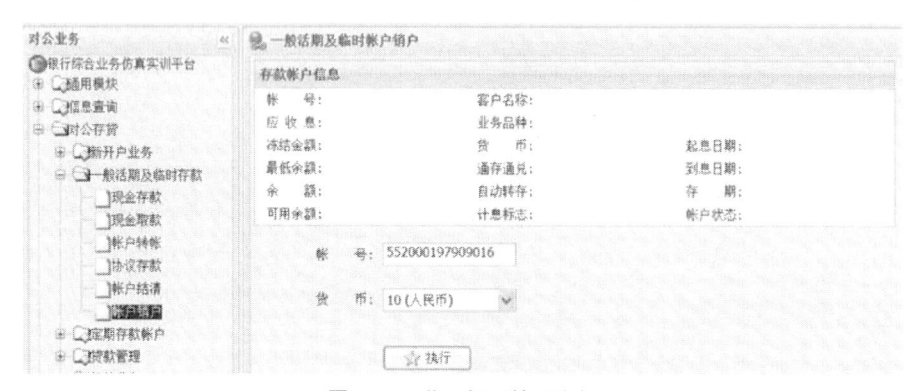

圖 9-26　錄入帳戶銷戶信息

操作 5：在完成上述操作后點擊執行，頁面彈出帳戶銷戶操作結果窗口，點擊「確定」，重慶建築學院帳戶已完成銷戶，如圖 9-27 所示。

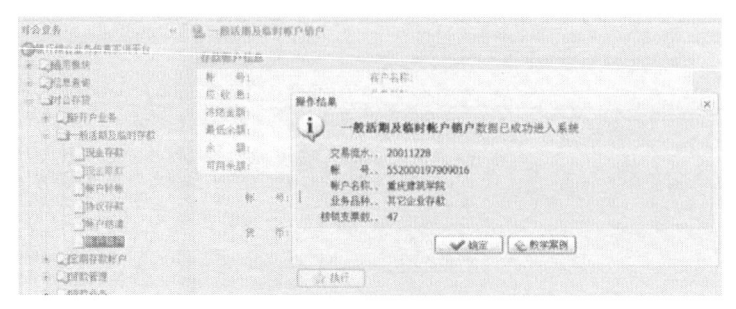

圖 9-27　帳戶銷戶完成

注意：進行銷戶后，該帳戶剩余支票將全部核銷，並關閉帳戶。

（四）企業一般活期及臨時存款帳戶業務操作練習

請同學們為前面已開立的以自己姓名命名的個體企業分別完成下述業務：
（1）存入現金 200,000 元。
（2）取出現金 10,000 元。
（3）向另一個體企業轉帳 5,000 元。
（4）與銀行簽訂《協議存款合同》，協議存款金額為 6,500 元。
（5）取出該個體企業的全部余款，並對該帳戶銷戶。

第三節 企業定期存款帳戶業務處理實驗

（一）實驗目的

（1）學會對公存貸業務中的定期存款帳戶開戶操作的方法，體會普通櫃員角色的業務處理過程。
（2）掌握對公存貸中新開定期存款帳戶的激活方法。
（3）掌握定期存款帳戶中部分提出轉帳操作流程。
（4）理解定期存款帳戶銷戶的內涵，並能熟練操作。

（二）實驗案例

第一，為重慶新飛塗料公司開對公存款「兩年以內定期存款」帳戶一個。帳戶類別為工業存款；分析碼為任意三個數字；存期為 302；帳戶標誌為專用戶，其他項為默認內容。

第二，從重慶新飛塗料公司基本帳戶中轉出 5,600 元到重慶新飛塗料公司新開定期存款帳戶中。

第三，存入 18,000 元到重慶新飛塗料公司新開定期存款帳戶中。

第四，重慶新飛塗料公司從定期帳戶中轉出 1,500 元到重慶師範大學活期帳戶中。

第五，將重慶新飛塗料公司其中的一個定期存款帳戶進行銷戶處理，並將該定期存款帳戶的余額轉出至重慶師範大學的帳戶中。

（三）實驗步驟

1. 新開戶轉帳存款的操作步驟

該交易用於通過轉帳方式激活預開定期存款帳戶的業務處理，執行本操作後將可

以激活之前預開定期帳戶。

操作1：首先需為對公客戶重慶新飛塗料公司開立定期存款帳戶。

進入對公業務主界面后選擇「對公存貸」→「新開戶業務」→「開存款帳戶」，出現對公客戶開存款帳戶信息填寫窗口，如圖9-28所示。

圖9-28 開存款帳戶信息窗口

操作2：根據案例中重慶新飛塗料公司客戶號等信息，在開存款帳戶各欄中輸入相關信息，如圖9-29所示。

圖9-29 錄入定期存款帳戶信息

注意：對重慶新飛塗料公司開立定期存款帳戶之前，必須先為該公司開立客戶號，具體操作可參考本模塊實驗1：新開客戶號。

操作3：錄入完相關信息后點擊執行，屏幕彈出開存款帳戶操作結果窗口，點擊確定，兩年期定期存款帳戶成功開立，如圖9-30所示。

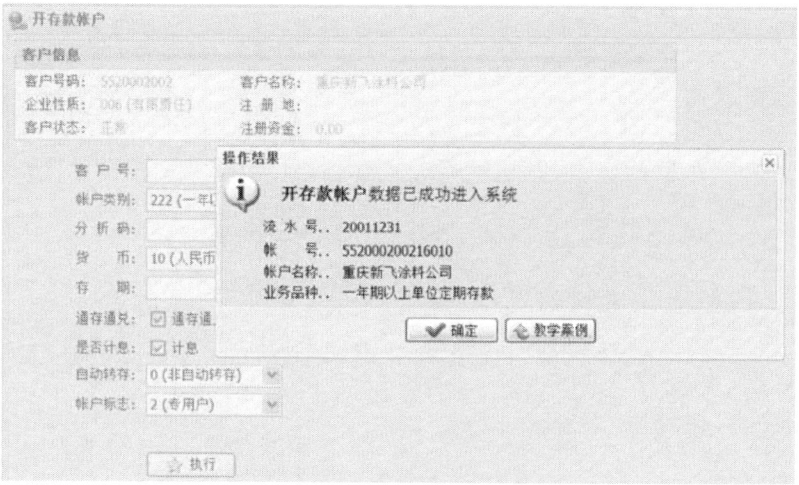

圖 9-30　定期存款開戶完成

操作 4：進入對公業務主界面後選擇「對公存貸」→「定期存款帳戶」→「新開戶轉帳存款」，屏幕彈出新開戶金轉帳存款信息填寫窗口，如圖 9-31 所示。

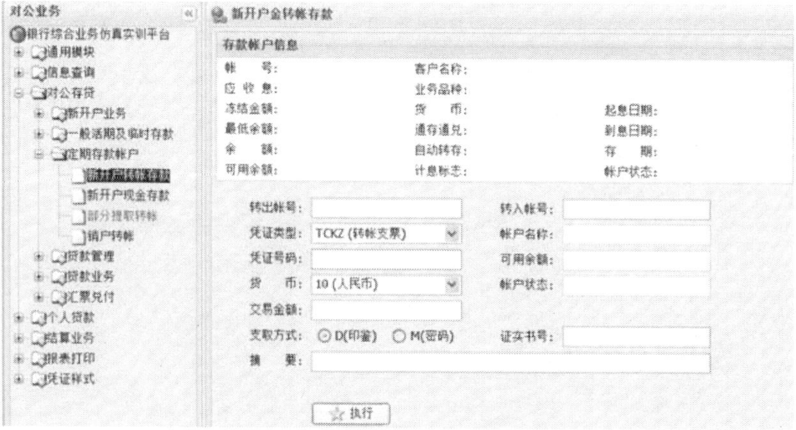

圖 9-31　新開戶轉帳存款信息窗口

操作 5：從重慶新飛塗料公司基本帳戶轉出 5,600 元到定期存款帳戶中。錄入要素為轉出帳號、憑證類型、轉出支票號、金額、轉入帳號、證實書號，並點擊執行，轉帳成功，如圖 9-32 所示。

圖 9-32　錄入新開戶轉帳存款信息

注意：

（1）轉出帳號必須為一般活期存款或臨時存款帳戶。因此，激活定期存款帳戶之前，必須為重慶新飛塗料公司開立一個基本帳戶，並激活該帳戶。

（2）憑證類型包括轉帳支票和其他。選擇轉帳支票時，系統自動檢索支票號碼與帳戶的對應關係，並自動核銷。當使用非系統管理的轉帳支票時，選擇其他。

（3）轉出支票號錄入全部 8 位。

（4）轉入帳號必須為定期存款或通知存款等帳戶，狀態必須是「預開戶」。

（5）證實書號為單位定期存款開戶證實書憑證號，錄入全部 8 位。

2. 新開戶現金存款的操作步驟

該交易用於通過現金存款方式激活預開定期存款帳戶的業務處理。

操作 1：進入對公業務主界面后選擇「對公存貸」→「定期存款帳戶」→「新開戶現金存款」，屏幕彈出新開戶現金存款信息填寫窗口，如圖 9-33 所示。

圖 9-33　新開戶現金存款信息窗口

操作 2：新飛塗料公司存入現金 18,000 元到新開定期存款帳戶中。在頁面信息填寫窗口中，錄入帳號、證實書號、金額，均為必輸項，如圖 9-34 所示。

圖 9-34　錄入新開戶現金存款信息

注意：
（1）帳號必須是本部門開戶的對公存款帳戶。
（2）證實書號為單位定期存款開戶證實書憑證號，錄入全部 8 位。
（3）新飛塗料公司需再開一個定期存款帳號。

操作 3：錄入完上述信息，點擊「執行」，頁面彈出操作結果窗口，點擊「確定」，新開定期存款帳戶成功激活。如圖 9-35 所示。

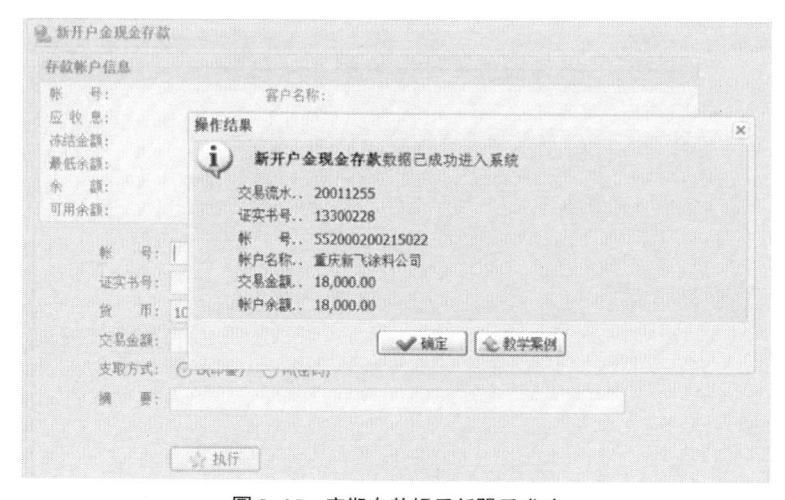

圖 9-35　定期存款帳戶新開戶成功

3. 部分提取轉帳的操作步驟

該交易用於定期存款、通知存款帳戶進行部分轉帳的業務處理。

操作 1：進入對公業務主界面後選擇「對公存貸」→「定期存款帳戶」→「部分提取轉帳」，屏幕彈出定期部分提取轉帳信息填寫窗口，如圖 9-36 所示。

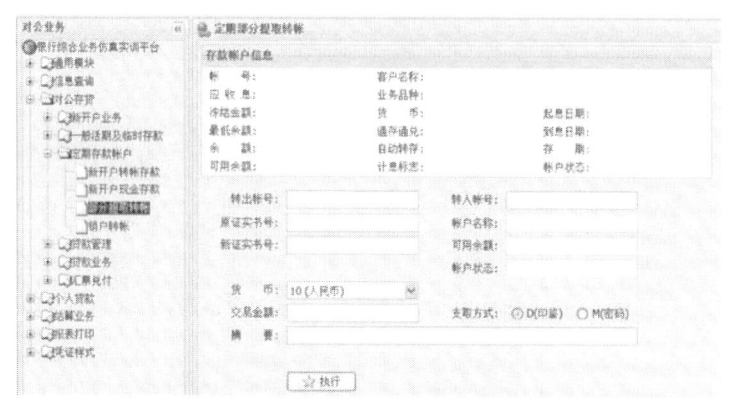

圖 9-36　定期部分提取轉帳信息窗口

操作 2：新飛塗料公司從定期帳戶中轉出 1,500 元到重慶師範大學活期帳戶中，錄入要素為轉出帳號、原證實書號、新證實書號、轉入帳號、金額等，如圖 9-37 所示。

圖 9-37　錄入定期部分提取轉帳信息

注意：
（1）轉出帳號必須是本部門定期存款和通知存款帳戶，為必輸項。
（2）原證實書號、新證實書號按照開戶證實書錄入，為必輸項。

(3) 轉入帳號為一般活期存款或臨時存款帳戶，並且帳戶不能為結清、關閉狀態。
(4) 系統按規定利率計算提取部分本金的利息，本利合計轉入轉入帳戶。
(5) 每個定期帳戶的部分提取交易只能操作一次。

操作 3：錄入完相關信息后，點擊執行，頁面彈出定期部分提取轉帳操作結果窗口，點擊確定，定期部分提取轉帳完成，如圖 9-38 所示。

圖 9-38　定期部分提取轉帳完成

4. 銷戶轉帳的操作步驟

定期銷戶必須採用轉帳方式。

操作 1：進入對公業務主界面后選擇「對公存貸」→「定期存款帳戶」→「銷戶轉帳」，屏幕彈出定期銷戶轉帳信息填寫窗口，如圖 9-39 所示。

圖 9-39　定期銷戶轉帳信息窗口

操作 2：銷戶轉帳。將重慶塗料公司其中的一個定期存款帳戶進行銷戶處理，並將該定期存款帳戶的余額轉出至重慶師範大學的帳戶中。

在頁面彈出窗口錄入重慶塗料公司的銷戶帳號、證實書號、轉入帳號即重慶師範大學的活期帳戶、金額，如圖 9-40 所示。

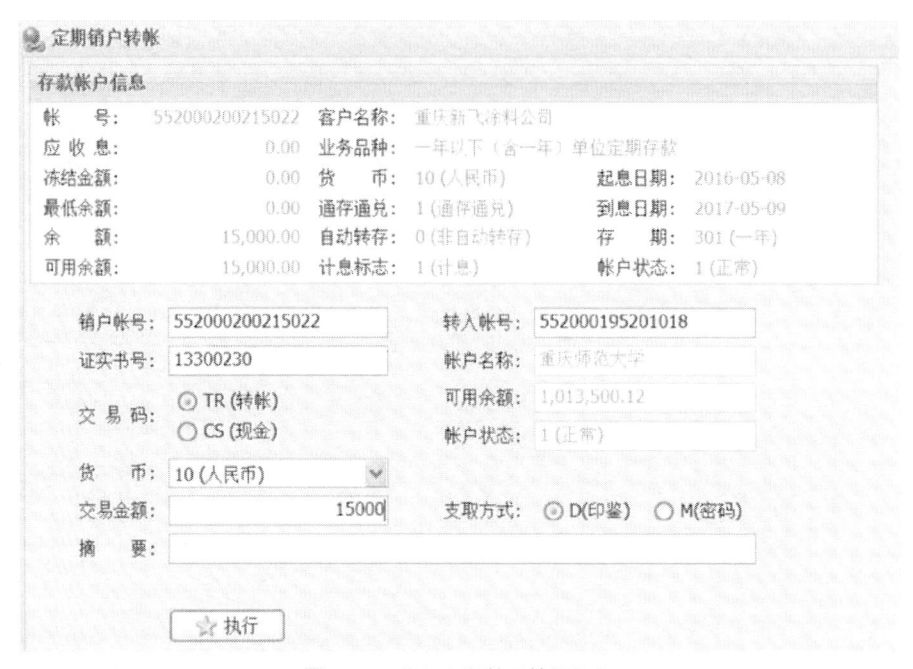

圖 9-40　錄入定期銷戶轉帳信息

注意：

進行銷戶處理，該帳戶余額全部轉帳取出。

（1）帳號必須是本部門定期存款或通知存款帳戶，為必輸項。

（2）證實書號按照開戶證實書錄入。必輸項。

（3）轉入帳號必須是本部門一般活期存款或臨時存款帳戶，並且帳戶不能為結清、關閉狀態，為必輸項。

（4）系統按規定利率計算利息，本息合計轉入轉入帳戶。

（5）金額的具體值在輸入銷戶帳戶後，點擊回車鍵便可查看，帳戶只有在清零後才能銷戶。

操作 3：錄入完相關信息后，點擊執行，頁面彈出定期銷戶轉帳操作結果窗口，點擊確定，定期存款銷戶轉帳完成，如圖 9-41 所示。

圖 9-41　定期帳戶銷戶完成

（四）企業定期存款帳戶業務操作練習

請同學們以「班級+自己姓名」為名開設一家個體獨資企業，並為該公司在開立一個基本帳戶的基礎上，分別完成下述業務：

（1）新開兩個定期存款帳戶。

（2）從該個體獨資企業的基本帳戶中轉出一筆資金到該個體企業的新開定期存款帳戶中，以激活新開定期存款帳戶。

（3）向該個體獨資企業的另一個新開定期存款帳戶存入一筆現金，以激活新開的定期存款帳戶。

（4）從該個體獨資企業的某一個定期存款帳戶中轉出一筆資金到其他公司帳戶中去。

（5）對該個體獨資企業其中一個定期存款帳戶作銷戶處理。

第十章 對公貸款管理業務

客戶申請貸款時必須有一個唯一的活期存款帳戶與之相對應，作為放貸、收貸、收息時使用的對應帳戶。該帳戶必須處於正常狀態（非結清、關閉）。同時為確保貸款業務的安全性，系統不支持現金放貸、現金還貸、現金收息之類交易，在通用記帳窗口中也不允許發生與貸款及應收利息科目相關的帳務處理。

本系統將借據、抵押品、抵債資產、不良貸款、貼現、匯票等均列入貸款管理的範圍之內，同時支持貸款戶的提前部分或全部還款、單筆、拆筆收息，自動生成欠息登記簿。

第一節 貸款借據管理實驗

(一) 實驗目的

（1）熟悉新建貸款業務中的新建借據業務操作流程。
（2）掌握借據修改的具體操作流程。

(二) 實驗案例

為重慶新飛塗料公司新建借據。存款帳戶為重慶新飛塗料公司的基本帳戶，貸款類別為中期流動資金保證貸款，貸款金額 180,000 元，貸款利率 3.2%，擔保方式為保證，貸款借據號為 15 位數。

櫃員審核貸款借據后，決定將借據的金額修改為 160,000 元，貸款利率提高至 3.5%。

(三) 實驗步驟

操作 1：貸款借據管理的第一步是借據錄入。借據錄入是在貸款發放前根據信貸部門提供的貸款借據，錄入基本要素信息。作為貸款業務的起點，借據錄入也是貸款業務中

最關鍵的一步。該交易用於放貸前將經信貸部門審核並批准的貸款借據錄入系統的業務處理。如果系統與信貸系統有接口，則借據從信貸系統自動進入本系統，不需要操作此功能。

進入對公業務主界面後選擇「對公存貸」→「貸款管理」→「貸款借據管理」→「新建」→「貸款借據錄入」，屏幕彈出貸款借據錄入信息填寫窗口，如圖 10-1 所示。

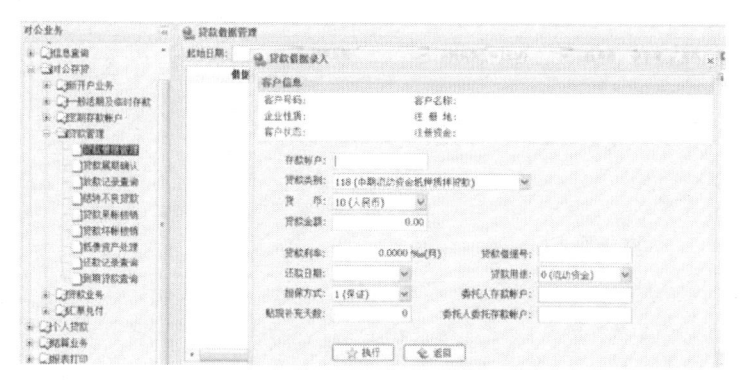

圖 10-1　貸款借據管理信息窗口

操作 2：為重慶新飛塗料公司新建借據。

在彈出的頁面窗口中錄入存款帳戶、貸款類別、貸款金額、貸款利率、還款日期、擔保方式、貼現補充天數、貸款借據號、貸款用途、委託人存款帳戶、委託人委託存款帳戶等信息，如圖 10-2 所示。

圖 10-2　錄入貸款借據信息

注意：

（1）存款帳戶是貸款人在銀行的存款帳戶，該帳戶必須在貸款支行所屬網點開戶，回車后系統自動檢索輸出該帳戶對應戶名。（必輸項）

（2）貸款類別包括工業短期信用貸款（123）、商業短期信用貸款（124）、建築業短期信用貸款（125）、農業短期信用貸款（126）、鄉鎮企業短期信用貸款（127）、三資企業短期信用貸款（128）、私營個體短期信用貸款（129）、其他短期信用貸款（130）、工業短期保證貸款（131）、商業短期保證貸款（132）、建築業短期保證貸款（133）、農業短期保證貸款（134）、鄉鎮企業短期保證貸款（135）、三資企業短期保證貸款（136）、私營及個體短期保證貸款（137）、其他短期保證貸款（138）、工業短期抵押質押貸款（139）、商業短期抵押質押貸款（140）、建築業短期抵押質押貸款（141）、農業短期抵押質押貸款（142）、鄉鎮企業短期抵押質押貸款（143）、三資企業短期抵押質押貸款（144）、私營個體短期抵押質押貸款（145）、其他短期抵押質押貸款（146）、技術改造信用貸款（147）、基本建設信用貸款（148）、銀團聯合信用貸款（149）、其他中長期信用貸款（150）、技術改造保證貸款（151）、基本建設保證貸款（152）、銀團聯合保證貸款（153）、住房開發保證貸款（154）、其他中長期保證貸款（155）、技術改造抵押質押貸款（156）、基本建設抵押質押貸款（157）、銀團聯合抵押質押貸款（158）、其他中長期抵押質押貸款（159）、委託貸款（412）、貼現（161）。

（3）貸款利率必須與貸款類別一致，還款日期必須與「貸款利率」一致。（必輸項）

（4）擔保方式包括擔保（1）、抵押（2）、質押（3）。

（5）貼現補充天數為票據到期，從付款行付款后至到達收款行的款項在途時間，一般情況下外地票據的補充天數為 3 天，本地票據錄入 0。當貸款類別選擇貼現時錄入。

（6）貸款借據號按照統一編排格式：4 位年號+2 位行號+2 位貸款類別+5 位合同順序號+2 位借據號。（必輸項）

（7）貸款用途包括流動資金（1）、固定資金（2）、借新還舊（3）、其他用途（0）。

（8）委託人存款帳戶為委託人在該部門開立的存款帳戶，當貸款類別選擇委託貸款時錄入。

（9）委託人委託存款帳戶為委託人進行委託貸款時，新開立的委託存款帳戶，專門用於委託存款，當貸款類別選擇「委託貸款」時錄入。

操作 3：錄入完相關信息后，頁面彈出貸款借據錄入操作結果窗口，點擊確定，借據錄入完成，如圖 10-3 所示。

操作 4：銀行在正式放貸前還需要對所錄入貸款借據進行審核，某些時候需對借據進行修改，即進行借據維護，如系統與信貸系統接口，借據從信貸系統自動進入本系統，不需要操作此功能。

進入對公業務主界面後選擇「對公存貸」→「貸款管理」→「貸款借據管理」

```
操作結果
貸款借據錄入數據已成功進入系統
    交易流水.. 20011260
    貸款合同號. 520000000000127
    貸款借據號. 201603120220125
    貸款類別.. 中期流動資金保證貸款
    存款帳號.. 5520002002201018
    貸款帳號.. 5520002002
    帳戶名稱.. 重慶新飛涂料公司
    貸款利率.. 3.8400(年)
    貸款金額.. 180,000.00
```

圖 10-3　貸款借據錄入完成

→「查詢」→「選中需要維護的借據」，雙擊進入維護，如圖 10-4 所示。

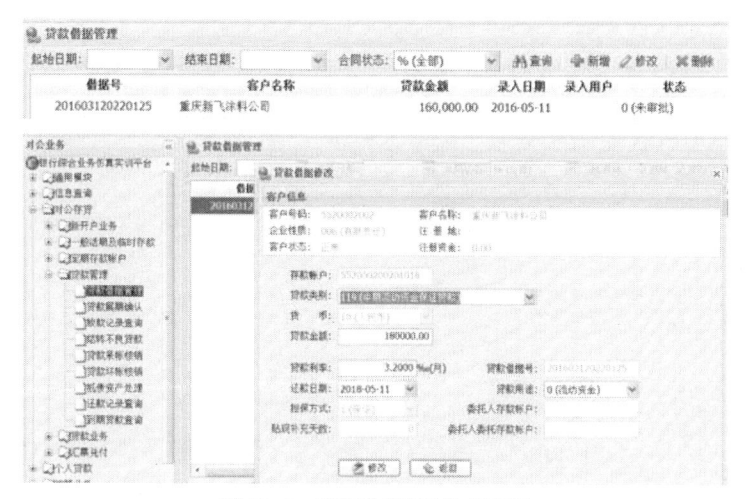

圖 10-4　貸款借據修改信息窗口

注意：
（1）此處只能修改維護企業貸款的借據。
（2）只有未發放的貸款借據才允許修改借據信息，借據信息中除借據號之外所有的項目均可修改。貸款利率必須和貸款期限相對應。
（3）借據信息只能由原錄入人員進行修改。
（4）如果借據已過錄入日期，則該借據自動失效，不允許再做維護。

操作 5：櫃員在審核時，決定降低貸款金額至 160,000 元，同時上調利率至 3.5%。因此，需在貸款金額、貸款利率欄內錄入修改后的金額，如圖 10-5 所示。

注意：
（1）錄入要素為錄入起始日期、錄入結束日期、合同狀態和合同部門，均為可選項，可以錄入其中的一項或幾項進行模糊查詢。

圖 10-5　錄入貸款借據修改信息

(2) 合同狀態包括未審批（0）、已審批（1）、已放貸（2）、已還貸（3）、轉逾期（4）、轉表外（5）、已刪除（9）、全部（%）。

(3) 若要對輸出借據進行審閱和修改，選擇其中一條記錄，然后雙擊，系統將輸出該借據的明細信息。操作員可直接對有關欄目作修改，其中合同號、貸款借據號不能修改。只能修改未發放的貸款借據信息。

(4) 只能由原操作員進行修改。

(5) 只能在借據錄入當日貸款發放前進行維護。

(6) 如果審核后認為可以按照原借據進行，則可不修改。

操作 6：錄入完上述信息后，點擊「修改」，在彈出的頁面窗口中點擊「確定」，貸款借據修改完成。如圖 10-6 所示。

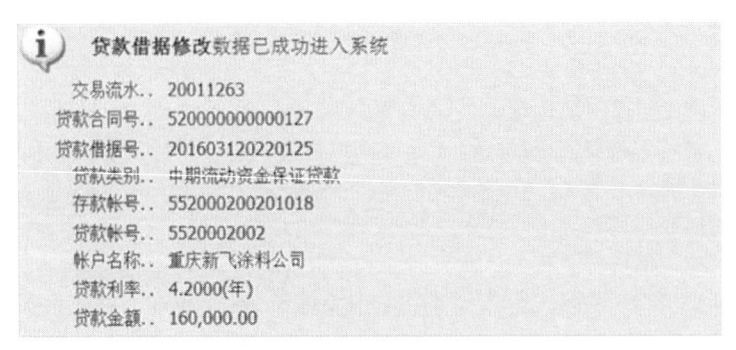

圖 10-6　貸款借據修改完成

(四) 貸款借據管理業務操作練習

睿達實業有限公司在本行申請到一筆貸款，公司會計憑貸款合同前往辦理借款手續。對公櫃員為睿達實業有限公司新建借據。存款帳戶為睿達實業有限公司基本帳戶，貸款類別為中期流動資金抵押貸款，貸款金額為 500,000 元，貸款利率為 8%，擔保方式為抵押，貸款借據為 15 位數，貸款時間為 3 年。

第二節　貸款展期實驗

不能按期歸還貸款的借款人應當在貸款到期日之前，向銀行申請貸款展期，說明理由、金額、期限。短期貸款展期期限累計不得超過原貸款期限；中長期貸款展期期限累計不得超過 3 年。

系統中有專門的貸款展期模塊實現貸款展期功能，系統在貸款到期日自動調整貸款的到期日和貸款利率。貸款的展期期限加上原期限達到新的利率檔次期限，從展期之日起，按新的期限檔次利率計收利息。如利率調整，做分段計息處理。展期的審批流程由信貸部門管理。

申請貸款展期的貸款帳戶性質必須是正常貸款，展期操作只能做一次且只能在貸款到期日前一個月內處理。

(一) 實驗目的

熟悉貸款展期的操作流程和業務規範。

(二) 實驗案例

將重慶新飛塗料公司的 160,000 元貸款發放 (借據號為上面實驗操作所用的借據號)。

另外，將上一筆貸款的還款期限延長六個月。

(三) 實驗步驟

操作 1：如果企業無法在規定時間內償還貸款，需向銀行申請延長貸款期限，即貸款展期。因此，在貸款展期實驗之前，銀行首先需對企業進行貸款發放。

進入對公業務主界面後選擇「對公存貸」→「貸款業務」→「貸款發放」，屏幕彈出貸款發放信息填寫窗口，如圖 10-7 所示。

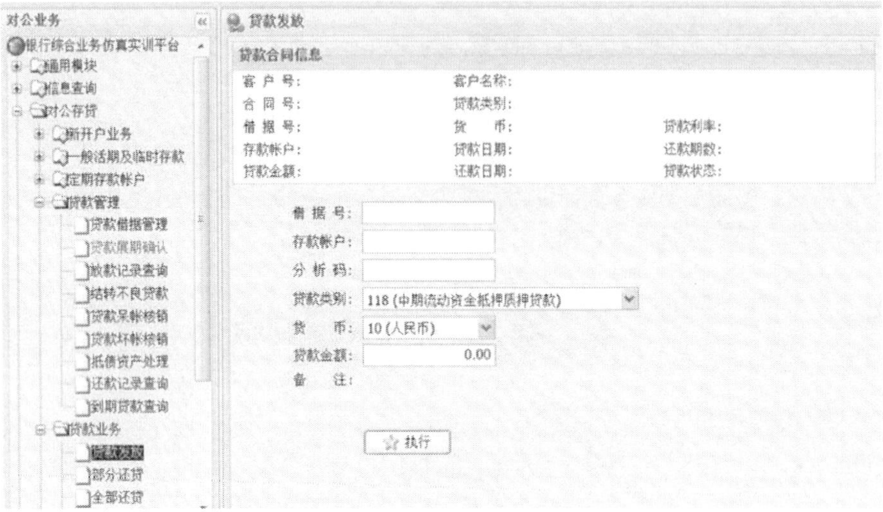

圖 10-7　貸款發放信息窗口

操作 2：銀行向重慶新飛塗料公司發放 160,000 元貸款。

在彈出的頁面窗口錄入相關信息。錄入要素為貸款借據號、存款帳戶、貸款類別、貸款金額，均為必輸項，如圖 10-8 所示。

圖 10-8　錄入貸款發放信息

注意：貸款發放操作說明將在后面詳細列出。

操作3：錄入完相關信息后，點擊執行，貸款發放完成，如圖10-9所示。

圖10-9　貸款發放完成

操作4：重慶新飛塗料公司因客戶貨款沒有按時支付，因此無法在規定時間內向銀行償還160,000元貸款，故向銀行申請推遲六個月償還貸款。

進入對公業務主界面后選擇「對公存貸」→「貸款管理」→「貸款展期確認」，屏幕彈出貸款展期信息填寫窗口，如圖10-10所示。

圖10-10　貸款展期信息窗口

操作5：在彈出的頁面窗口中錄入貸款借據號、貸款余額、原到期日、新到期日、新利率，如圖10-11所示。

圖 10-11　錄入貸款展期信息窗口

注意：

（1）貸款借據號對應的貸款性質必須是正常貸款，一筆貸款只能辦理一次展期。

（2）短期貸款的展期期限累計不得超過原貸款的期限，中長期貸款的展期期限累計不得超過 3 年。已轉逾期的貸款不能再轉為展期。

（3）新利率為貸款展期期限與原貸款期限累計期限相對應的利率。

（4）展期操作只能在貸款到期前一個月內處理。

（5）展期利率由電腦按新的貸款期限控制利率檔次。

操作 6：錄入完相關信息后，點擊「執行」，頁面彈出如下窗口，點擊「確定」，貸款展期完成，如圖 10-12 所示。

圖 10-12　貸款展期完成

(四) 貸款展期業務操作練習

(1) 向睿達實業有限公司發放貸款 500,000 元。
(2) 睿達實業有限公司向銀行申請貸款展期 3 個月。

第三節　貸款帳戶處理實驗

(一) 實驗目的

(1) 掌握對公存貸業務中不良貸款的具體內容。
(2) 達到可以熟練操作不良貸款結轉業務。
(3) 熟練查詢銀行放款記錄。

(二) 實驗案例

查詢銀行對重慶新飛塗料公司的貸款餘額，並將重慶新飛塗料公司的貸款160,000元轉為呆帳。

(三) 實驗步驟

1. 放款記錄查詢的操作步驟

操作 1：進入對公業務主界面後選擇「對公存貸」→「貸款管理」→「貸款記錄查詢」，頁面彈出放款記錄查詢信息填寫窗口，如圖 10-13 所示。

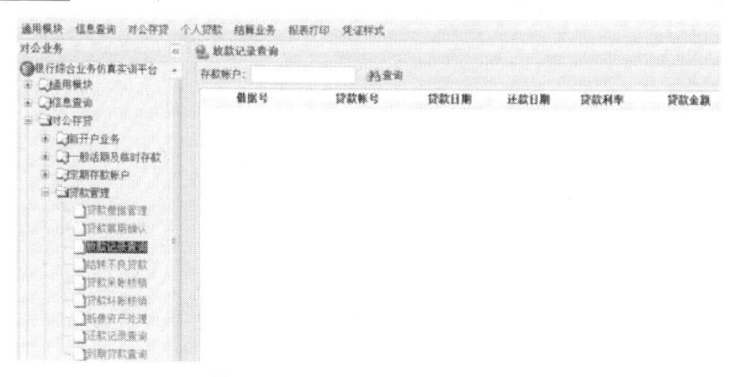

圖 10-13　放款記錄查詢信息窗口

操作 2：在彈出的信息填寫窗口中，錄入重慶新飛塗料公司的活期存款帳號，點擊查詢，頁面彈出該存款帳戶對應的貸款帳號、貸款日期、貸款利率、貸款金額等信息，如圖 10-14 所示。

圖 10-14　放款記錄查詢結果

注意：存款帳戶為貸款帳戶對應的存款帳戶，為必輸項。

2. 結轉不良貸款的操作步驟

操作 1：進入對公業務主界面后選擇「對公存貸」→「貸款業務」→「結轉不良貸款」，頁面彈出結轉不良貸款信息填寫窗口，如圖 10-15 所示。

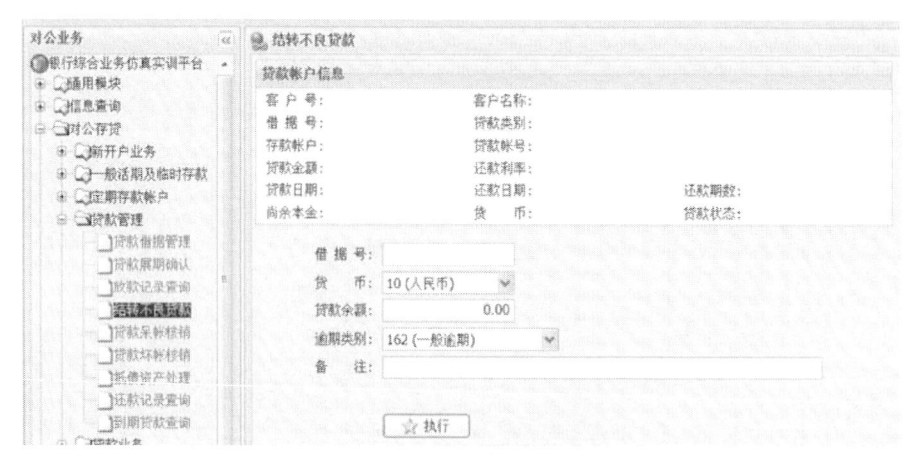

圖 10-15　結轉不良貸款信息填寫窗口

操作 2：把重慶新飛塗料公司的貸款 160,000 元轉為呆帳貸款。

在彈出的信息窗口中錄入貸款帳號、貸款金額、逾期類別，均為必輸項，如圖 10-16所示。

圖 10-16　錄入結轉不良貸款信息

注意：
(1) 貸款帳號可以是本支行下任一網點的對公貸款帳戶，包括逾期和呆滯貸款帳戶。
(2) 貸款金額是指該貸款帳戶的尚欠余額。
(3) 逾期類別包括一般逾期（162）、呆滯貸款（163）、呆帳貸款（164）。
(4) 貸款轉逾期后，不允許再轉回正常貸款。
(5) 結轉的貸款科目不能大於結轉后的貸款科目。

操作 3：錄入完上述信息，點擊「執行」，在彈出的頁面中點擊「確定」，結轉不良貸款完成，如圖 10-17 所示。

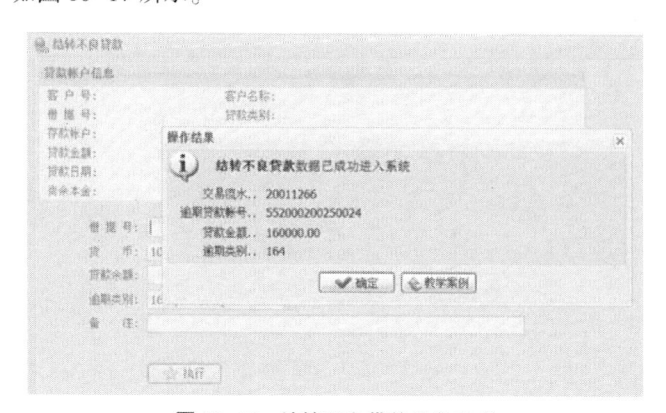

圖 10-17　結轉不良貸款信息完成

（四）貸款帳戶處理業務操作練習

(1) 查詢銀行向睿達實業公司的貸款金額及日期。

（2）把睿達實業公司的貸款 500,000 元轉為呆帳貸款。

第四節　貸款查詢實驗

（一）實驗目的

（1）瞭解還款記錄查詢的操作流程和業務規範。
（2）掌握到期貸款查詢的操作流程。

（二）實驗案例

重慶新飛塗料公司共向銀行借款 160,000 元，由於公司資金週轉困難，決定償還其中的 50,000 元貸款。查詢自 2016 年 5 月 11 日開始，剩余天數還有 730 天到期的所有貸款。

（三）實驗步驟

1. 還款記錄查詢的操作步驟

在進行還款記錄查詢以前，首先對重慶新飛塗料公司的 160,000 元貸款進行部分償還。

操作 1：進入對公業務主界面后選擇「對公存貸」→「貸款業務」→「部分還貸」，頁面彈出部分還貸信息填寫窗口，如圖 10-18 所示。

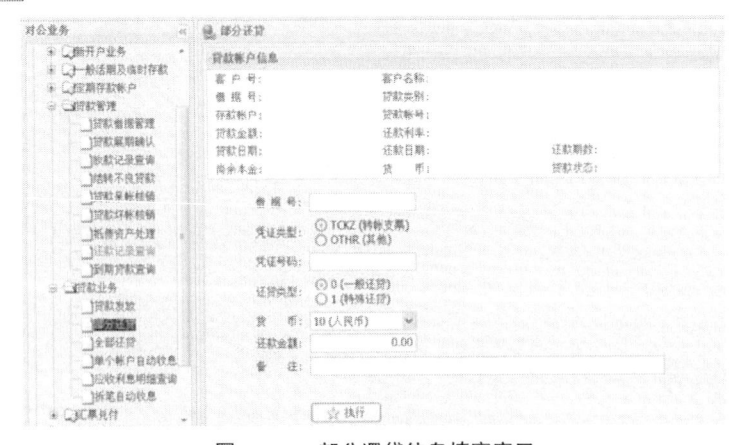

圖 10-18　部分還貸信息填寫窗口

操作 2：在彈出的信息填寫窗口中錄入借據號、憑證號碼、還款金額，如圖 10-19 所示。

圖 10-19　錄入部分還貸信息

注意：部分還貸的操作細則將在下一模塊實驗中詳細說明。

操作 3：錄入完上述信息后，點擊「執行」，在彈出的部分還貸操作結果窗口中，點擊「確定」，重慶新飛塗料公司成功償還銀行貸款 50,000 元，如圖 10-20 所示。

圖 10-20　部分還貸完成

操作 4：進入對公業務主界面后選擇「對公存貸」→「貸款管理」→

「還款記錄查詢」，頁面彈出還款記錄信息窗口，如圖 10-21 所示。

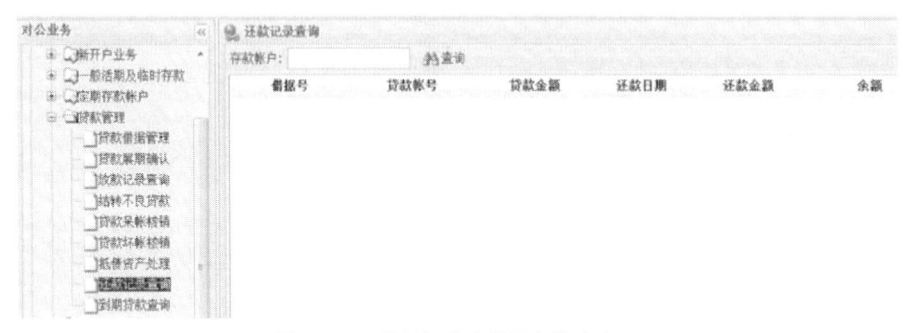

圖 10-21　還款記錄查詢信息填寫窗口

操作 5：在還貸記錄查詢窗口中錄入需要查詢的存款帳戶，雙擊「查詢」，頁面彈出要查詢帳戶的還款情況，如圖 10-22 所示。

圖 10-22　還款記錄查詢完成

2. 到期貸款查詢的操作步驟

操作 1：進入對公業務主界面后選擇「對公存貸」→「貸款管理」→「到期貸款查詢」，頁面彈出到期貸款查詢信息填寫窗口，如圖 10-23 所示。

圖 10-23　到期貸款查詢信息窗口

操作 2：在彈出的信息窗口中選擇貸款類別、起始日期、到期天數，點擊「查詢」，頁面彈出符合查詢條件的所有到期貸款信息，如圖 10-24 所示。

注意：
(1) 錄入要素為「起始日期」「貸款類別」「到期天數」，均為可選項。
(2) 起始日期、到期天數，查詢在起始日期到（起始日期+到期天數）內到期的

圖 10-24　到期貸款查詢信息結果窗口

貸款。如不輸，系統默認為從當天起，30 天內到期的貸款。

（3）貸款類別包括工業短期信用貸款（123）、商業短期信用貸款（124）、建築業短期信用貸款（125）、農業短期信用貸款（126）、鄉鎮企業短期信用貸款（127）、三資企業短期信用貸款（128）、私營個體短期信用貸款（129）、其他短期信用貸款（130）、工業短期保證貸款（131）、商業短期保證貸款（132）、建築業短期保證貸款（133）、農業短期保證貸款（134）、鄉鎮企業短期保證貸款（135）、三資企業短期保證貸款（136）、私營及個體短期保證貸款（137）、其他短期保證貸款（138）、工業短期抵押質押貸款（139）、商業短期抵押質押貸款（140）、建築業短期抵押質押貸款（141）、農業短期抵押質押貸款（142）、鄉鎮企業短期抵押質押貸款（143）、三資企業短期抵押質押貸款（144）、私營個體短期抵押質押貸款（145）、其他短期抵押質押貸款（146）、技術改造信用貸款（147）、基本建設信用貸款（148）、銀團聯合信用貸款（149）、其他中長期信用貸款（150）、技術改造保證貸款（151）、基本建設保證貸款（152）、銀團聯合保證貸款（153）、住房開發保證貸款（154）、其他中長期保證貸款（155）、技術改造抵押質押貸款（156）、基本建設抵押質押貸款（157）、銀團聯合抵押質押貸款（158）、其他中長期抵押質押貸款（159）、委託貸款（412）、貼現（161）。如選擇「全部」，指以上所有貸款類型。

（四）貸款查詢業務操作練習

（1）睿達實業公司償還銀行全部貸款 500,000 元。

（2）查詢自 2016 年 1 月 1 日開始，距到期日還有 200 天的中期流動資金保證貸款。

第十一章 貸款的發放及歸還

對公貸款的發放是指貸款人（商業銀行）通過對申請貸款的企業的信用等級進行評估，對申請貸款企業的基本情況、信譽情況、生產經營情況、擔保情況進行調查，然後由銀行信貸部門的審查人員對客戶調查人員提供的資料進行核實、評定，復測貸款風險度，提出意見，再由審貸委員會對貸款業務的合法性、綜合效益性、風險防範等方面進行審議，由主任委員會進行審批。然後就借款用途、金額、利率、借款期限、還款方式、借貸雙方的權利和義務、違約責任等事項簽訂借款合同，最後確認貸款發放，銀行會計部門為申請企業開立貸款帳戶並根據借款合同中的劃款條款，直接將貸款劃入申請企業的帳戶。

本模塊的實驗內容主要涉及企業貸款發放和貸款的部分還貸和全部還貸業務中的對公櫃員所操作的業務流程，而非信貸部門的調查審批流程，在實際操作中對公櫃員是不能操作貸款發放的。目的在於讓學生瞭解對公貸款發放所涉及的信息確認，熟悉對公櫃員業務中部分還貸和全部還貸的相關信息的錄入和審核操作，從模擬軟件實訓操作的過程中熟悉商業銀行對公貸款發放和還貸業務的運作模式。

第一節 貸款發放實驗

（一）實驗目的

（1）掌握對公貸款發放的權限和實際操作過程。
（2）熟悉對公貸款發放的流程，掌握對公貸款發放的具體步驟。
（3）掌握對公貸款發放需要錄入的信息，同時熟悉對公貸款發放的信息審核。
（4）熟悉對公貸款發放中的注意事項。

（二）實驗案例

深圳智達科技有限公司在本行申請到一筆貸款，貸款類別為「中期流動資金抵押質押貸款」，貸款金額為 500,000 元，貸款利率為 8‰，擔保方式為抵押，貸款借據號

為 15 位數。對公櫃員將智達公司 500,000 元貸款發放，該筆款項將會轉放到其基本帳戶中。基本帳戶為深圳智達科技有限公司在本行開立的對公存款「基本帳戶」，對公業務操作的櫃員通過識別深圳智達科技有限公司申請貸款的借據號及其存款帳號、貸款類別和貸款金額對智達科技有限公司發放貸款，請在錄入借據當天為深圳智達科技有限公司發放貸款。

（三）實驗步驟

注意：在銀行業務中，給企業發放貸款應經信貸部門的審批后才能發放，本系統的貸款管理主要是處理貸款業務中的會計帳務處理，不作貸款審批。

本實驗中貸款必須在錄入借據的當天發放，如果當天貸款未發放，該借據自動作廢，必須重新填寫借據，即重新回到「貸款管理→貸款借據管理」新增借據，為該客戶重新申請借據，因為作廢的借據仍然保留在系統中，因此在錄入借據號的時候注意不能重複。在錄入借據號的時候一定要記下該客戶申請貸款時所對應的 15 位借據號。同時在新增借據時存款帳戶只能是活期存款帳戶，只有活期存款帳戶才能申請借據，定期存款帳戶是不能申請的，因此要記錄下該公司客戶申請貸款時所使用的活期存款帳戶，最終確保貸款發放時信息錄入的準確性（詳見第十章，第一節）。

操作 1：使用對公業務帳號登錄商業銀行綜合業務仿真實訓平臺，在左側導航欄中選擇「對公存貸」→「貸款業務」→「貸款發放」，出現貸款合同信息窗口，如圖 11-1 所示。

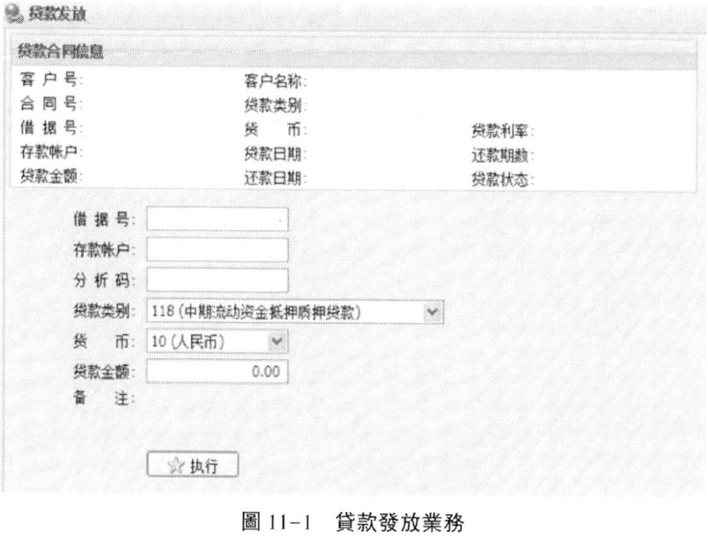

圖 11-1 貸款發放業務

操作 2：根據案例中深圳智達科技有限公司的貸款申請以及存款信息依次錄入借據號、存款帳戶（活期存款帳戶，該帳戶必須是貸款支行所屬網點的開戶帳號，可以是

貸款帳戶所屬支行下任一網點存款帳號，允許跨網點放貸，但不能跨支行放貸）、分析碼（分析碼可以為任意的三位數）和貸款金額，並選擇貸款類別，其中「貸款借據號」「存款帳戶」「貸款類別」「貸款金額」，均為必輸項。如圖 11-2 所示。

圖 11-2　貸款發放信息填寫

操作 3：執行貸款發放，核對貸款發放的借據號、存款帳號、帳戶名稱、貸款金額、貸款利率以及還款日期，然後確定。如圖 11-3 所示。

圖 11-3　貸款發放信息審核及確定

（四）對公貸款發放業務操作練習

請同學以兩人為一組的形式輪流扮演銀行對公櫃員和公司客戶，櫃員為客戶辦理對公貸款的發放業務，公司客戶自主提供貸款種類、貸款金額等。錄入完畢后進行貸款發放，並根據中國央行當前存貸款基準利率為客戶調整利息。

第二節　部分及全部還貸實驗

（一）實驗目的

（1）熟悉對公貸款償還的流程，掌握對公部分和全部還貸的具體步驟。
（2）瞭解對公貸款償還的前提，熟悉還貸過程中對轉帳支票的使用以及貸款信息的審核。
（3）掌握部分還貸的流程及操作。
（4）掌握全部還貸的流程及操作。
（5）熟悉部分還貸和全部還貸的區別。

（二）實驗案例

深圳智達科技有限公司在本行申請到一筆貸款，貸款類別為中期流動資金抵押質押貸款，貸款金額為500,000元，貸款利率為8‰，擔保方式為抵押，貸款借據號為15位數。對公櫃員已發放智達公司500,000元貸款，深圳智達科技有限公司因資金週轉出現問題，無法將到期貸款全額償還，只能將該筆500,000元貸款部分還貸200,000，本行信貸部門工作人員經過走訪調查，批准了其部分還貸的申請。請對公櫃員為其辦理部分還貸200,000元業務。

隨后，深圳智達科技有限公司在貸款到期時，前來本行對臺辦理全部還貸業務，將該筆500,000元全部貸款還清。

（三）實驗步驟

無論是部分還貸還是全部還貸，還貸資金都通過貸款人在本行的活期轉帳支票來完成貸款的償還，因此，必須在貸款人購買的轉帳支票基礎上來還貸。櫃員首先要確定部分還貸僅針對貸款本金，且部分還款的貸款帳戶不允許有欠息，必須把欠息還清才能償還本金；而全部還貸是針對貸款本息。其中，全部還貸時一定要根據貸款人的貸款信息，確認所還金額為貸款餘額，否則視為部分還款。其次，櫃員在進行還貸業

務辦理時要注意，在貸款期間，如果貸款人的貸款帳戶無欠息視為「一般還貸」，櫃員可直接幫貸款人辦理還貸業務。如果有欠息時，視為「特殊還貸」。「特殊還貸」必須經信貸部批准后，由高級別櫃員復核方可進行操作。最后，還款帳戶為申請借據時的活期存款帳戶，且該活期存款帳戶中必須要有充足可用來還款的存款余額。

操作1：使用對公業務帳號登錄商業銀行綜合業務仿真實訓平臺，在左側導航欄中選擇「對公存貸」→「貸款業務」→「部分還貸」，出現貸款帳戶信息窗口，如圖11-4所示。

圖11-4　部分還貸業務

操作2：根據案例中深圳智達科技有限公司的貸款以及存款信息依次錄入借據號，並核對貸款帳號信息，然後選擇憑證類型為轉帳支票及其憑證號碼，轉帳支票憑證為貸款人從該行購買的活期轉帳支票，即貸款人活期存款帳戶（申請借據的活期存款帳戶）所購買的轉帳支票。憑證號碼則為貸款人所購買轉帳支票未使用過的支票憑證號碼。所以在購買轉帳支票時必須要記住該貸款人所購支票的所有憑證號，或者通過「信息查詢」→「憑證查詢」→「已出售支票查詢（帳號）」查詢該帳號所購轉帳支票憑證號，選擇還貸類型為一般還貸和貸款金額為200,000元。操作如圖11-5所示。

圖 11-5　部分還貸業務

操作 3：執行貸款部分還貸，核對部分還貸的貸款帳號、貸款帳戶名稱、貸款帳戶餘額、還貸金額、存款帳號、計息起始日、結束日和利率，然后點擊「確定」。如圖 11-6 所示。

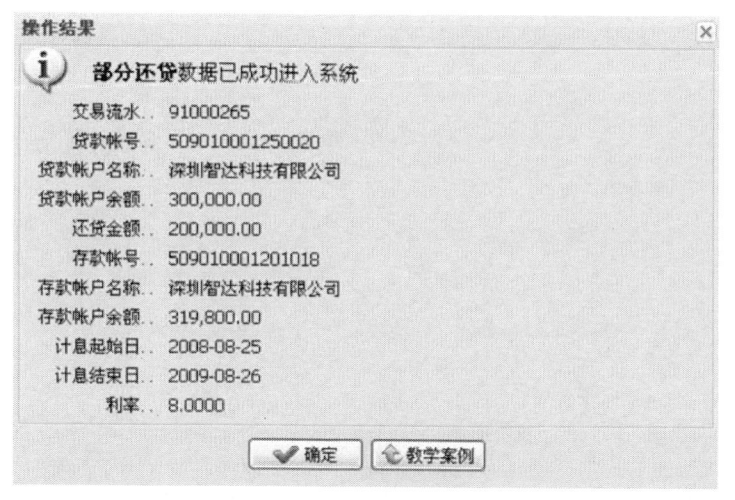

圖 11-6　部分還貸業務

操作 4：當深圳智達科技有限公司沒有轉帳支票時，需要先向本行購買轉帳支票憑證，「通用模塊」→「支票管理」→「支票出售出現支票出售窗口」，操作如圖 11-7 所示；然后輸入深圳智達科技有限公司的信息，並選擇轉帳支票。輸入起始號碼

(可通過憑證查詢的支票庫存查詢查看你的錢箱有沒有可供出售的憑證）和 25 的倍數的憑證張數，最後執行，操作如圖 11-8 所示；最後確定並核對深圳智達科技有限公司購入的轉帳支票信息，操作如圖 11-9 所示。

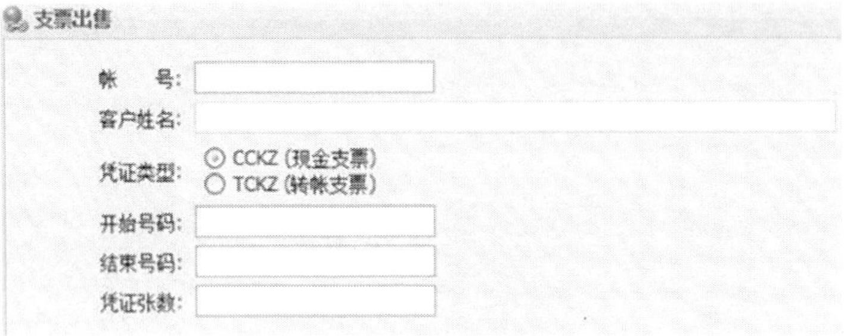

圖 11-7　轉帳支票出售

圖 11-8　轉帳支票出售信息填寫

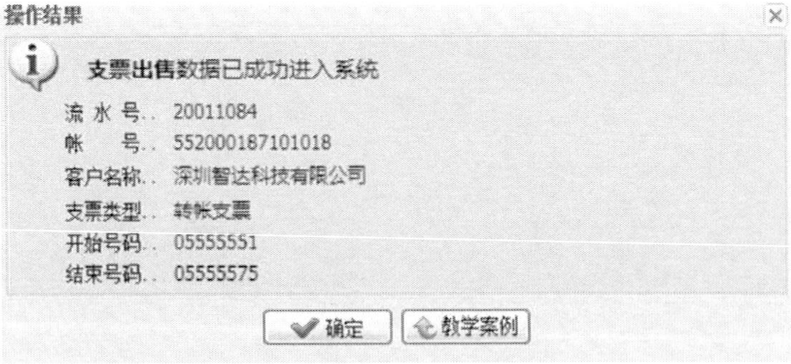

圖 11-9　轉帳支票出售信息確認

操作 5：如果沒有可出售的憑證，則需要先領用憑證；如果支行沒有足夠多的轉帳支票可以領入，則無法購買，需要總行先領入並下發轉帳支票到支行，然後櫃員才能領用，領用時對公櫃員領入張數和總行下發張數需一致。總行下發憑證的操作程序是：登錄總

行帳號，選擇「通用模塊」→「憑證管理」→「憑證領入」，自行輸入不重複的憑證號；然後，選擇「通用模塊」→「憑證管理」→「憑證領入」，輸入需要領用的憑證起始號碼（該系列憑證號碼不是自己憑空輸入的，而是總行下發給本行的憑證，否則無法領入）以及 25 的倍數的憑證張數，操作如圖 11-10、圖 11-11 所示；最後，選擇「通用模塊」→「錢箱管理」→「憑證出庫」，操作如圖 11-12、圖 11-13 所示。出庫之後才可以有相應的憑證進行出售。

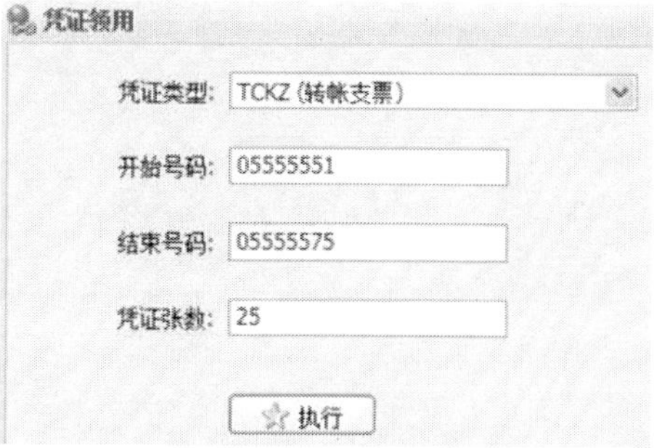

圖 11-10　憑證下發

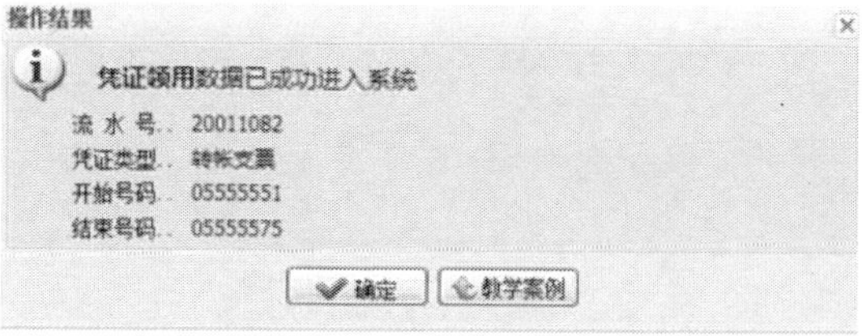

圖 11-11　憑證下發信息確認

圖 11-12　錢箱管理的憑證出庫

```
操作結果                                    ×
  ┌─────────────────────────────────┐
  │ i   凭证出库数据已成功进入系统    │
  │                                 │
  │    凭证类别..  转帐支票           │
  │    开始号码..  05555551           │
  │    结束号码..  05555575           │
  │    出库金额..  25.00              │
  │                                 │
  │      [✔ 确定]  [⇧ 教学案例]      │
  └─────────────────────────────────┘
```

圖 11-13　憑證出庫信息確認

　　操作 6：使用對公業務帳號登錄商業銀行綜合業務仿真實訓平臺，在左側導航欄中選擇「對公存貸」→「貸款業務」→「全部還貸」，出現貸款帳戶信息窗口，如圖 11-14 所示。

```
全部还贷
┌──────────────────────────────────────────────┐
│ 贷款帐户信息                                  │
│  客 户 号：             客户名称：            │
│  借 据 号：             贷款类别：            │
│  存款帐户：             贷款帐号：            │
│  贷款金额：             还款利率：            │
│  贷款日期：             还款日期：   还款期数：│
│  尚余本金：             货    币：   贷款状态：│
└──────────────────────────────────────────────┘

       借 据 号： [            ]
       凭证类型： ⊙ TCKZ (转帐支票)
                 ○ OTHR (其他)
       凭证号码： [            ]
       货    币： [10 (人民币) ▼]
       还款金额： [        0.00]
       备    注： [                    ]

              [★ 执行]
```

圖 11-14　全部還貸業務

　　操作 7：根據案例中深圳智達科技有限公司的貸款以及存款信息依次錄入借據號，並核對貸款帳號信息；然后選擇憑證類型為轉帳支票及其憑證號碼，貸款金額為300,000 元，備註全部還款；最后點擊「執行」。操作如圖 11-15 所示。

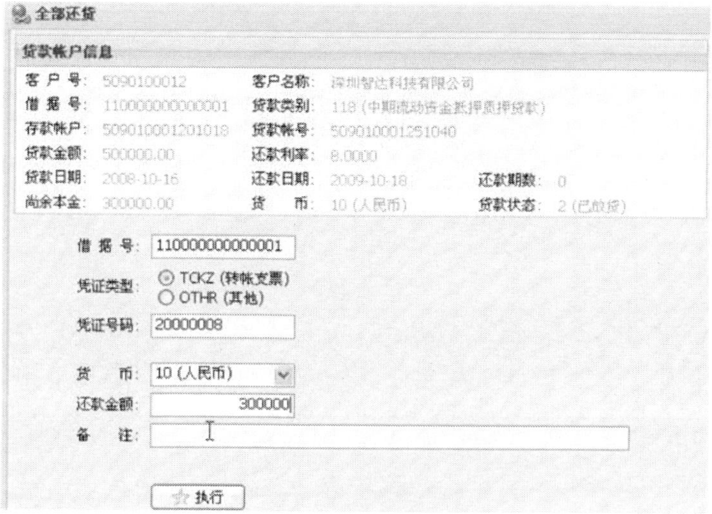

圖 11-15　全部還貸信息填寫

（四）對公貸款部分和全部還貸業務操作練習

請同學以兩人為一組的形式輪流扮演銀行對公櫃員和公司客戶，櫃員為客戶辦理對公貸款的部分還貸和全部還貸業務，由櫃員根據客戶貸款信息錄入並核對信息，錄入並核對完畢后確認貸款還款。

第十二章 匯票兌付業務

匯票分為銀行匯票、商業匯票兩種。銀行匯票是由出票銀行簽發的,在見票時按照實際結算金額無條件支付給收款人或持票人的票據。商業匯票是由出票人簽發的,委託付款人在指定日期無條件支付確定的金額給收款人或持票人的票據。匯票是國際結算中使用最廣泛的一種信用工具。

匯票業務包括承兌和付款。承兌是指付款人在持票人向其提示遠期匯票時,在匯票上簽名,承諾於匯票到期時付款的行為。具體做法是付款人在匯票正面寫明「承兌」字樣,註明承兌日期,於簽章后交還持票人。付款人一旦對匯票作承兌,即成為承兌人以主債務人的地位承擔匯票到期時付款的法律責任。付款是指付款人在匯票到期日,向提示匯票的合法持票人足額付款。持票人將匯票註銷後交給付款人作為收款證明。匯票所代表的債務債權關係即告終止。

本模塊的實驗內容主要涉及銀行承兌匯票和付款中,對公櫃員所要熟悉和操作的全部業務流程。目的在於讓學生熟悉銀行承兌匯票櫃員操作流程,瞭解銀行辦理銀行承兌匯票業務的特點。銀行承兌匯票由銀行出票,付款人必須在該行有足額的活期存款帳戶才能辦理銀行承兌匯票業務。通過本章的學習,熟悉匯票到期付款時櫃員操作流程,瞭解匯票兌付的過程以及特點。

第一節 商業匯票承兌實驗

(一) 實驗目的

(1) 熟悉商業匯票的種類和概念,掌握商業匯票涉及的當事人及其義務,熟悉商業匯票當事人之間的關係。

(2) 瞭解銀行承兌匯票的概念,區分銀行承兌匯票與其他匯票的區別。

(3) 熟悉銀行承兌匯票櫃員操作的主要內容以及具體的操作流程。

(4) 瞭解銀行承兌匯票業務操作的特點,銀行承兌匯票由銀行出票,付款人必須在該行有足額的活期存款帳戶才能辦理銀行承兌匯票業務。

(5) 熟悉銀行承兌匯票的保證金比率以及手續費的概念,並瞭解近期銀行辦理銀

行承兌匯票的保證金比率和手續費的變化情況。

(二) 實驗案例

深圳智達科技有限公司出納到本支行申請開出一張票面金額為 5,000 元的銀行承兌商業匯票。申請開出匯票後本行將按票面金額的 100% 從其基本帳戶中扣除保證金，手續費為票面金額的萬分之五，匯票到期兌付再將保證金退回給匯票申請人。請為深圳智達科技有限公司承兌 5,000 元的銀行承兌匯票。

(三) 實驗步驟

本實驗主要涉及銀行承兌匯票的承兌業務，本系統中銀行承兌匯票的憑證代碼為 YHHP，商業匯票承兌的原理類似於貸款。首先，商業承兌匯票的承兌是在商業承兌匯票憑證出庫的基礎之上完成的。其次，商業承兌匯票的付款人只能使用活期存款帳號來開具銀行承兌匯票，且付款帳戶不能透支，承兌金額必須小於其帳戶餘額。最後，理論上銀行承兌匯票一般為貨幣市場工具，期限一般較短，但該系統可以設置一年以上的到期時間。注意，銀行承兌匯票憑證代碼為 YHHP，商業承兌匯票憑證代碼為 SYHP，本實驗中的匯票類型為銀行承兌匯票，則代碼為 YHHP。

操作1：使用對公業務帳號登錄商業銀行綜合業務仿真實訓平臺，在左側導航欄中選擇「對公存貸」→「匯票兌付」→「商業匯票承兌」，出現存款帳戶信息窗口，如圖 12-1 所示。

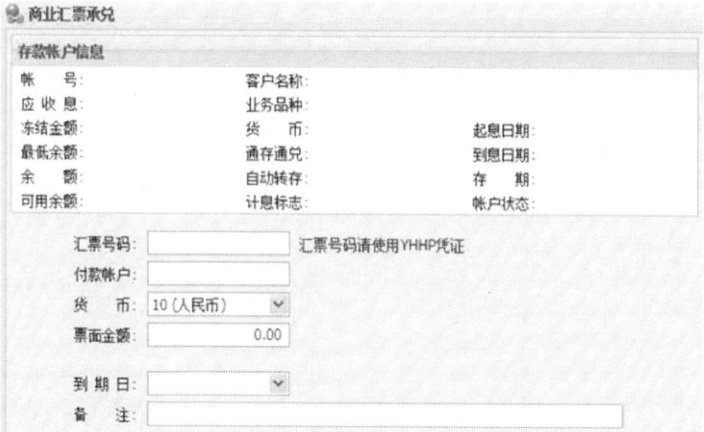

圖 12-1　商業匯票承兌業務

操作2：根據案例中深圳智達科技有限公司申請匯票的信息依次填入匯票號碼，需

要輸入的匯票號碼為櫃員領入並出庫的銀行承兌匯票憑證號碼，但憑證號碼不能重複使用。因此在總行領入銀行承兌匯票（YHHP）時，錄入的憑證號碼要記錄下來，然后下發給相應的支行，支行要記錄下發到該行的憑證號碼，同時櫃員在領入對應憑證和出庫時，同樣要記錄領入和出庫憑證的相應號碼。或者通過登陸總行查詢信息，首先登陸總行帳號，通過「信息查詢」→「憑證查詢」→「憑證下發查詢」來查詢憑證號碼，操作如圖 12-2 所示。如果在櫃員帳號上查詢的話，「信息查詢」→「憑證查詢」→「憑證綜合查詢」選擇憑證類型，輸入憑證起始號碼，然后查詢櫃員已出庫的所有該類憑證。操作如圖 12-3 所示。付款帳號為匯票申請人或者付款人的活期存款帳戶，票面金額不能超過其活期存款帳戶餘額。餘額不夠時，需要付款人先存入足額的金額。然后核對客戶信息，再輸入票面金額和到期日，並執行填寫的信息。如圖 12-4 所示。

圖 12-2　對公櫃員商業匯票承兌憑證號碼查詢

圖 12-3　總行商業匯票承兌憑證下發查詢

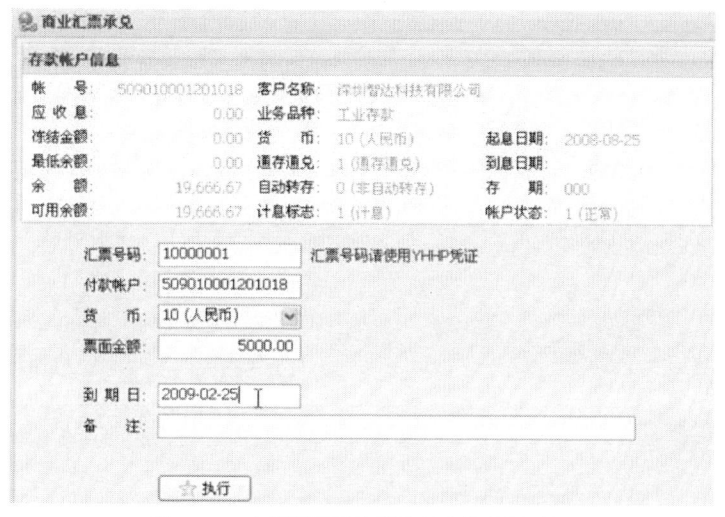

圖 12-4　商業匯票承兌業務信息填寫及確認

操作 3：出現操作結果界面時，確認商業匯票承兌數據的匯票號碼、付款帳號、帳戶名稱、到期日和票面金額是否正確，然后確定。如圖 12-5 所示。

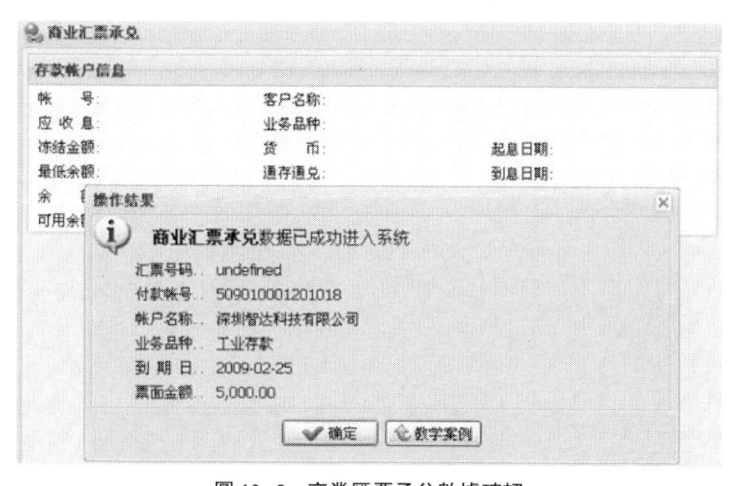

圖 12-5　商業匯票承兌數據確認

操作 4：在深圳智達科技有限公司申請匯票時，而對公櫃員沒有領入並出庫銀行承兌匯票，則需要登錄總行，操作如圖 12-6 所示；然后領入憑證（輸入 8 位數起始憑證號），操作如圖 12-7 所示；憑證下發，操作如圖 12-8 所示；然后登錄對公櫃員所在支行，操作如圖 12-9 所示；對公櫃員再領入憑證，操作如圖 12-10 所示；憑證出庫，操作如圖 12-11 所示。

圖 12-6　登錄總行

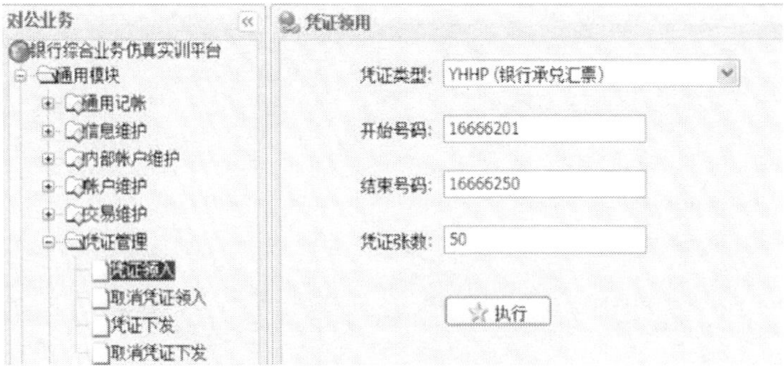

圖 12-7　總行領入銀行承兌匯票 50 張

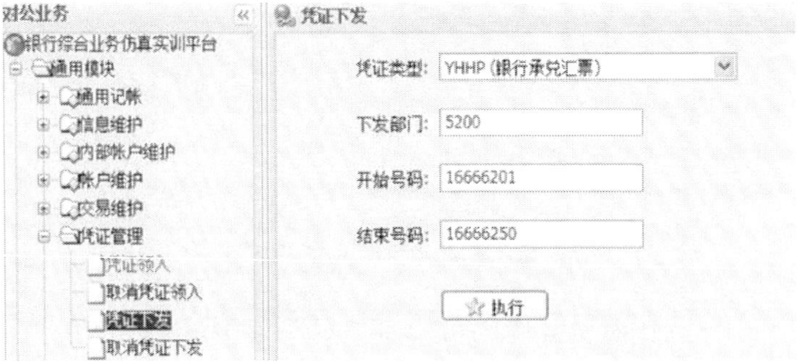

圖 12-8　總行向 5200 部門下發銀行承兌匯票 50 張

第四部分　銀行對公業務實驗實訓　205

圖 12-9　登錄櫃員所在支行

圖 12-10　對公櫃員領入 50 張銀行承兌匯票

圖 12-11　對公櫃員將 50 張銀行承兌匯票出庫

（四）商業匯票承兌業務操作練習

請同學以三人為一組的形式輪流扮演銀行對公櫃員及匯票付款人和匯票收款人，櫃員為匯票付款客戶辦理匯票承兌業務，由付款客戶和櫃員同時錄入和核對信息，錄入並核對完畢后確認承兌。由於受平臺限制，該實驗僅可以完成銀行承兌匯票業務。

第二節　匯票到期付款實驗

（一）實驗目的

（1）熟悉銀行承兌匯票到期付款業務的主要內容以及對公櫃員操作的具體流程。
（2）掌握銀行承兌匯票到期付款業務的特點。
（3）熟悉銀行承兌匯票櫃員操作的注意事項。

（二）實驗案例

匯票持有人持深圳智達科技有限公司所開出的銀行承兌匯票到本行要求兌付票款。對公櫃員見票付款，按票面金額 5,000 元兌付給持票人。請對公櫃員為持票人兌付票面金額 5,000 元。注意：本操作完成后，系統將從深圳智達科技有限公司基本帳戶中按票面金額扣除相應款項，同時將之前已扣除的保證金退回到深圳智達科技有限公司基本帳戶裡。

（三）實驗步驟

當銀行承兌匯票到期，根據持票人所持匯票的信息，對公櫃員將資金劃撥到收款人的帳上，收款人即應解帳戶可以是活期或定期帳戶。如果足額付款則無須填寫付款金額，如不足額付款則應輸入要付款的金額，付款金額為銀行墊付資金的數額。

操作 1：使用對公業務帳號登錄商業銀行綜合業務仿真實訓平臺，在左側導航欄中選擇「對公存貸」→「匯票兌付」→「匯票到期付款」，出現存款帳戶信息窗口，如圖 12-12 所示。

操作 2：根據持票人所持匯票信息依次填入匯票號碼、付款帳戶（承兌匯票申請人的存款帳戶，如果忘記付款帳號，系統會提醒正確的付款帳號），核對存款帳戶信息是否正確，然后填入票面金額（如果忘記票面金額，系統會提醒輸入金額與票面金額不符，並顯示正確的票面金額），填入應解帳戶（應解帳戶為銀行承兌匯票的收款人或收

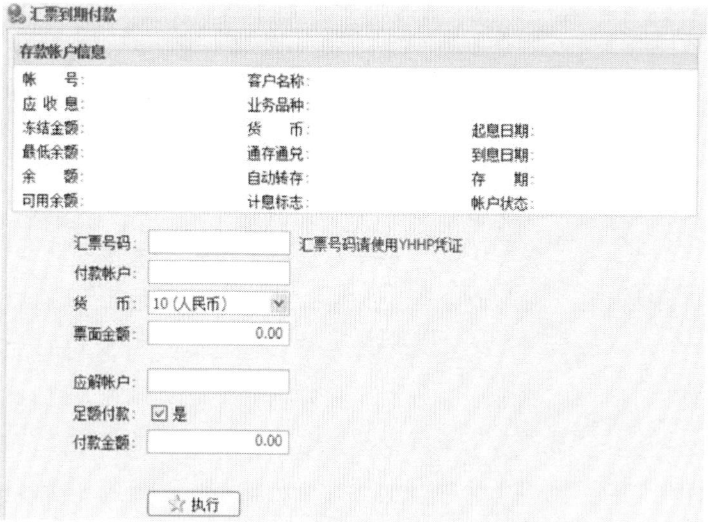

圖 12-12　匯票到期付款操作窗口

款單位的活期或定期存款帳戶。允許同一客戶的活期帳戶向其他活期或定期帳戶付款），選擇是否足額付款，並輸入付款金額。操作如圖 12-13 所示；如果忘記匯票信息還可通過「信息查詢」→「交易信息查詢」→「交易綜合查詢 輸入交易日期查詢」交易日當天的全部交易來獲得信息。操作如圖 12-14 所示。如果忘記交易日期，可通過匯票起始號碼來查詢，操作如圖 12-15 所示。

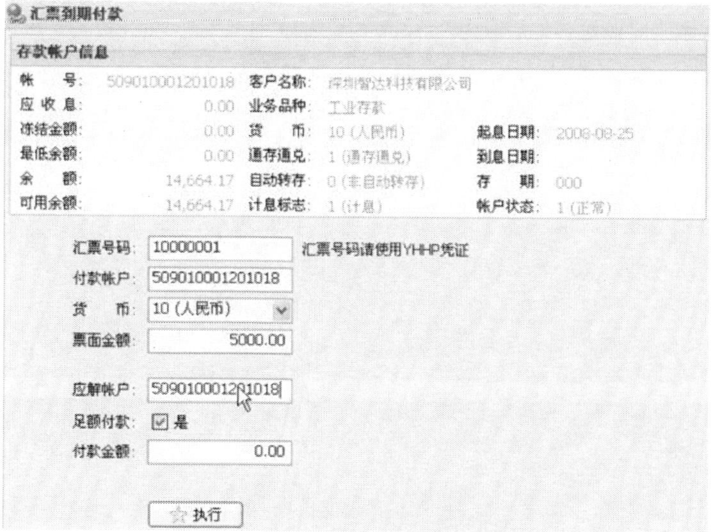

圖 12-13　匯票到期付款業務信息填寫

圖 12-14　匯票信息查詢

圖 12-15　銀行承兌匯票日期查詢

　　操作 3：執行后確認匯票到期全額付款數據，確認付款帳號、帳戶名稱、票面金額、付款金額以及應解匯款帳戶，確認無誤后確定。操作如圖 12-16 所示。

圖 12-16　匯票到期付款數據確認

操作 4：如果匯票到期只是部分付款，則由銀行墊付資金，確認付款帳號、帳戶名稱、票面金額、付款金額（足額付款處不勾「是」，並輸入要付款的金額）以及應解帳戶。操作如圖 12-17 所示。

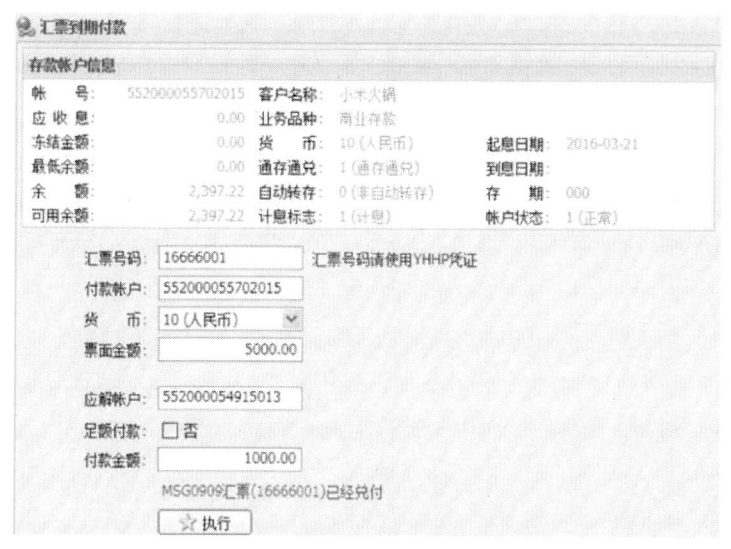

圖 12-17　商業匯票到期部分付款

（四）商業匯票到期付款業務操作練習

請同學以三人為一組的形式輪流扮演銀行對公櫃員和匯票付款人及匯票收款人，櫃員為匯票持票人辦理匯票部分和全部付款業務，根據匯票信息以及匯票申請人信息，對公櫃員錄入和核對信息，確認之后完成付款業務。由於受平臺限制，該實驗僅可以完成銀行承兌匯票業務。

參考文獻

［1］梨賢強. 商業銀行綜合櫃臺業務［M］. 北京：清華大學出版社，2010.

［2］陳世文，龔永青. 商業銀行綜合櫃臺業務實務［M］. 廣州：華南理工大學出版社，2012.

［3］朱孟楠. 商業銀行綜合櫃員業務與服務［M］. 北京：中國財政經濟出版社，2011.

［4］郭玉俠，周靜. 商業銀行綜合業務實訓教程［M］. 哈爾濱：哈爾濱工業大學出版社，2014.

國家圖書館出版品預行編目(CIP)資料

中國銀行綜合業務實驗實訓教程 / 郭靜林 主編.
-- 第一版.-- 臺北市：崧燁文化，2018.08

　面 ；　公分

ISBN 978-957-681-557-7(平裝)

1.銀行經營 2.銀行管理

562.19　　　107014213

書　　名：中國銀行綜合業務實驗實訓教程
作　　者：郭靜林 主編
發行人：黃振庭
出版者：崧博出版事業有限公司
發行者：崧燁文化事業有限公司
E-mail：sonbookservice@gmail.com
粉絲頁　　　　　　網　址：
地　　址：台北市中正區重慶南路一段六十一號八樓815室
8F.-815, No.61, Sec. 1, Chongqing S. Rd., Zhongzheng Dist., Taipei City 100, Taiwan (R.O.C.)
電　話：(02)2370-3310　傳　真：(02) 2370-3210
總經銷：紅螞蟻圖書有限公司
地　　址：台北市內湖區舊宗路二段121巷19號
電　話：02-2795-3656　傳真：02-2795-4100　網址：
印　刷：京峯彩色印刷有限公司（京峰數位）

　　本書版權為西南財經大學出版社所有授權崧博出版事業有限公司獨家發行電子書繁體字版。若有其他相關權利及授權需求請與本公司聯繫。

定價：350 元
發行日期：2018 年 8 月第一版
◎ 本書以POD印製發行